Abrazar el éxito

La autobiografía de quien transformó
la adversidad en un camino de superación constante

Abrazar el éxito

La autobiografía de quien transformó
la adversidad en un camino de superación constante

Adriana Macías

alamah AUTOAYUDA

alamah°

Copyright © Adriana Macías, 2007

De esta edición:
D. R. © Santillana Ediciones Generales, S.A. de C.V., 2008.
Av. Universidad 767, Col. del Valle.
México, 03100, D.F. Teléfono (55 52) 54 20 75 30
www.alamah.com.mx

Argentina
Av. Leandro N. Alem, 720
C1001AAP Buenos Aires
Tel. (54 114) 119 50 00
Fax (54 114) 912 74 40

Bolivia
Avda. Arce, 2333
La Paz
Tel. (591 2) 44 11 22
Fax (591 2) 44 22 08

Colombia
Calle 80, n°10-23
Bogotá
Tel. (57 1) 635 12 00
Fax (57 1) 236 93 82

Costa Rica
La Uruca
Del Edificio de Aviación Civil 200 m
al Oeste
San José de Costa Rica
Tel. (506) 220 42 42 y 220 47 70
Fax (506) 220 13 20

Chile
Dr. Aníbal Ariztía, 1444
Providencia
Santiago de Chile
Telf (56 2) 384 30 00
Fax (56 2) 384 30 60

Ecuador
Avda. Eloy Alfaro, N33-347 y Avda. 6
de Diciembre
Quito
Tel. (593 2) 244 66 56 y 244 21 54
Fax (593 2) 244 87 91

El Salvador
Siemens, 51
Zona Industrial Santa Elena
Antiguo Cuscatlan - La Libertad
Tel. (503) 2 505 89 y 2 289 89 20
Fax (503) 2 278 60 66

España
Torrelaguna, 60
28043 Madrid
Tel. (34 91) 744 90 60
Fax (34 91) 744 92 24

Estados Unidos
2105 NW 86th Avenue
Doral, FL 33122
Tel. (1 305) 591 95 22 y 591 22 32
Fax (1 305) 591 91 45

Guatemala
7ª avenida, 11-11
Zona n° 9
Guatemala CA
Tel. (502) 24 29 43 00
Fax (502) 24 29 43 43

Honduras
Colonia Tepeyac Contigua a Banco
Cuscatlan
Boulevard Juan Pablo, frente al Templo
Adventista 7° Día, Casa 1626
Tegucigalpa
Tel. (504) 239 98 84

México
Avda. Universidad, 767
Colonia del Valle
03100 México DF
Tel. (52 5) 554 20 75 30
Fax (52 5) 556 01 10 67

Panamá
Avda Juan Pablo II, n° 15. Apartado
Postal 863199, zona 7
Urbanización Industrial La Locería -
Ciudad de Panamá
Tel. (507) 260 09 45

Paraguay
Avda. Venezuela, 276
Entre Mariscal López y España
Asunción
Tel. y fax (595 21) 213 294 y 214 983

Primera edición: julio de 2007.
Cuarta reimpresión: marzo de 2009.
ISBN: 978-970-770-999-7
D.R. © Diseño de cubierta: Maru Lucero
Impreso en México

Aprendí a vivir hace muchos años. Algo realmente desagradable me sucedió, algo que cambió mi vida de una manera que, si hubiera podido elegir, jamás me hubiera inclinado por eso. Y lo que aprendí de ello fue algo que parece ser la lección más difícil de todas: aprendí a amar el viaje, no el destino. Aprendí a observar todo lo bueno en el mundo y a intentar devolverle algo, porque creo en él total y absolutamente. Y en parte traté de hacer eso contándoles lo que yo aprendí.

Madre Teresa de Calcuta

Índice

Agradecimientos 11

Una respuesta para siempre 13

Un 25 de abril… 19

Mis primeras manos 21

Los nutrientes de mi vida: el ambiente familiar y médico 25

Sólo para que conviva con sus compañeros 29

Una bocanada de aire 31

La clave es la comprensión 35

Sobreprotección y amigos de verdad 39

Solamente al principio 45

Un vistazo a nuestro alrededor 47

Salvando al súper héroe 51

¿Bueno o malo? 55

Cómplices del mismo sueño 65

Una muestra de fe y esperanza 69

He aprendido 73

¿Nos casamos? 79

Eloísa 83

Un deseo concedido por un niño 87

Un compromiso para siempre 91

Con fortaleza de niño 95

Desde lo más profundo 101

Como un reloj de arena 103

Desde el estado mayor presidencial 107

Y el izquierdo también 111

Desapareciendo puertas falsas 113

Sin pendientes 115

Cuando llegaste tú 119

Tocando velas 123

Tus recursos y tú, bienvenidos a la vida 127

Puro amor puro 129

Polvo de estrellas 133

¿Sabes qué se siente tener una discapacidad? 137

Rosa de princesa 141

Desde el sentido del humor 143

Lo que encuentro en cada carta 149

Una reconciliación con las sombras 159

¿Qué sigue en la vida? 163

Un día 165

AGRADECIMIENTOS

Este gran sueño hecho realidad no hubiese sido posible sin la ayuda de muchas personas y de esa gran fuerza que mueve al mundo. Es por eso que quiero agradecer, en primer término, a Dios por escribir mi nombre en el libro de la vida, por rodearme de las personas adecuadas para enseñarme desde este cuerpo lo que realmente vale la pena. A mis papás, Juanita y José Manuel. A mi hermana Eloísa. A mi amor Juan Medina. A mis grandes amigos que iniciaron esta aventura conmigo: Paola Luévano, Jéssica Medina, Carlos Rosales y Adrián Guerrero. A mis grandes amigos y apoyos en la publicación de este libro: Fernando Landeros, Alejandro Puente, Yordi Rosado, Armando Collazos, César Ramos y su grandioso equipo de Editorial Santillana y, principalmente y de todo corazón, a ti mi querido lector por ser el motivo de esta gran aventura, y a todos aquellos que siempre luchan en la vida con amor ¡GRACIAS!

Una respuesta para siempre

Con frecuencia la gente me pregunta: "Adriana, ¿alguna vez te ha deprimido tu discapacidad?" Y casi siempre les respondo lo que ahora voy a compartir…

Cuando tuve conciencia de mi discapacidad, y de lo que implicaba ser profesionista, mujer, pareja, y mamá con discapacidad, ¡en verdad me aterroricé! Pensé que no podría lograr nada, que siempre dependería de mis padres, que mi única realidad se limitaría a vivir de los sueños de los demás.

Durante varias semanas, no hubo un día sin que me asediaran preguntas cargadas de exigencias que me lastimaban todavía más: ¿Por qué yo?, ¿por qué me faltan los brazos?, ¿qué ocasionó mi discapacidad?, ¿algún día seré capaz de superarla para darle más importancia a lo que dicen que realmente vale? Para mí no había respuestas. Sentí que mis papás eran los únicos que podrían dármelas pero, ¿cómo preguntar sin herirlos? Me faltaba valor. Ellos me habían regalado una niñez hermosa, espléndida, y mi mayor temor era demostrarles lo contrario. Más de un día me la pasé encerrada en casa tratando de ordenar mi vida, pero con el paso de las horas mis esfuerzos resultaban vanos. Acepté que sola no limpiaría esas telarañas, quise hallar las palabras correctas para acercarme a mis papás, sin embargo, encontré el sentimiento correcto: la sinceridad.

Una mañana le caí como paracaidista a mi mamá en la cama. Sin pensar en nada más que aclarar mis dudas, le pregunté sin titubear: "Mami, ¿por qué soy así?" Se me quedó mirando desconcertada, y a su vez me preguntó: "¿Cómo así?"; "pues así, sin brazos, mamá." Con mucha paciencia me fue explicando que cuando nací, la tecnología de la época no estaba tan desarrollada como para atender con éxito un caso como el mío; que había muy poca información al respecto y que por lo mismo ningún doctor tenía los elementos para dar cuenta de mi discapacidad. "Sí, pero, ¿qué pasó? ¿Cómo reaccionaron ustedes cuando se enteraron? ¿Cómo les dijeron los doctores que yo había nacido sin brazos?" Mi mamá respiró profundamente y empezó a contarme la historia:

El día que naciste fue el primer día de trabajo de tu papá en Telmex, le pedí que por ningún motivo faltara, pues iba a conocer a su jefe; además, allí nadie estaba al tanto de que sería papá. Tus abuelos estarían al pendiente de mí y de ti. Pronto llegamos al hospital y cuando por fin naciste, los doctores me dijeron: "Su bebé tiene un problema." "¿Cuál es el problema?" Sin decir palabra, los doctores te levantaron y te vi por primera vez. Me sentí muy mal, muy preocupada. De inmediato corrieron por mi mente todas las esperanzas y los sueños que una madre tiene para sus hijos. Al verte tan indefensa ante el mundo, pensé que no serías feliz, creí que sin tus brazos nunca podrías hacer nada y que todas las oportunidades que se te presentaran serían para ti sólo deseos inalcanzables, y eso me dolió mucho. Fue como una catarata de sentimientos encontrados: estaba feliz de tenerte, pero al mismo tiempo me preocupaba tu futuro, tus aspiraciones; el corazón me dio un vuelco. Los médicos querían tranquilizarme, pero yo sólo quería resolver la situación en ese momento. Me dieron un sedante y cuando desperté, no me dejaron verte, hasta que me calmé. Después me entregaron una carta de tu papá y decidí aferrarme a los sentimientos expresados en ella, en los que encontré la fuerza suficiente para enfrentar la realidad, pues él puso por encima de cualquier circunstancia su amor por ti, por tu hermana y por mí. Prometió estar siempre con nosotras para apoyarnos, una promesa que, desde entonces, ha cumplido cada día con fidelidad y constancia, a pesar de las diferencias que hemos tenido a lo largo de nuestra relación de pareja. Fue así como llegamos a la conclusión de que no tenía caso exigir a los médicos una explicación que ni cambiaría, ni resolvería el caso; decidimos no ir tras el porqué, para dedicarnos por completo a la búsqueda de los medios, de las herramientas, para que, antes que nada, vivieras como una niña feliz, lo cual en cierto modo ha sido difícil. Aún así, siempre hemos procurado que realices las actividades propias de cada una de tus edades, con el mínimo de problemas. Siempre hemos estado conscientes de que no hay muchas personas con tu misma discapacidad. En aquel entonces, no previmos que los medios y la atención a gente que naciera sin brazos evolucionaría como hasta hoy lo han hecho, y parece que, hasta el momento, tu papá y yo hemos alcanzado nuestro más anhelado deseo. Concluyó mi mamá con una sonrisa.

No quedé del todo satisfecha. Mis dudas, mi miedo, mi condición y mi enojo persistían a pesar de la mirada de amor sincero y la total comprensión que me dejaban las palabras de mi mamá, esas palabras dulces que no fueron suficientes para detener mis sentimientos que, con los días, se desbordarían como una presa llena de agua a su máxima capacidad.

Por esas fechas me entregarían unas prótesis nuevas que estrenaría al ingresar a la universidad. Cada vez que tocaba ir a las pruebas me ponía de mal humor, me molestaba mucho tener que probarme unos brazos que no eran míos, que no me gustaban, que era inevitable sentir y ver como ajenos, como intrusos en mi cuerpo, en mi vida, en mis sueños. Estos sentimientos me desconcertaban profundamente porque en los diecisiete años que llevaba usando garfios, nunca había sentido todo ese mar de emociones, tanto malestar.

Ya me había programado para recibir mis prótesis quince días antes del inicio de clases, para practicar y acostumbrarme a ellas, sobre todo, al nuevo tamaño, porque el funcionamiento era el mismo. Sin embargo, un sólo detalle cambió estas previsiones: algunas piezas no embonaron a la perfección y recibí las reposiciones apenas un fin de semana antes de entrar a clases. Estaba muy estresada, rompí en un llanto de enojo, de desesperación, acompañado de un inmenso deseo de cambiar las cosas, de despertar para ver que mi vida había sido sólo un sueño; y descubrirme con brazos. En verdad estaba dispuesta a dar lo mejor de mí, a cumplir con lo que fuera si Dios me sacaba de esta terrible pesadilla. En medio de su asombro, mis papás trataron de consolarme, pero fue inútil: al día siguiente amanecí del mismo humor, fue cuando en un tono enérgico me dijeron: "¡Ya estuvo bueno de quejarse! ¡No siempre vas a estar llorando! El día que naciste te quisimos como cualquier padre y madre quieren a sus hijos, y si en ese momento nos hubiéramos podido quitar los brazos para dártelos, ten por seguro que lo hubiéramos hecho, pero no se podía. Así que ahora te toca a ti poner las cosas en la balanza; te corresponde cobrar conciencia tanto de lo que has sido capaz de realizar como de lo que ha quedado fuera de tu alcance, para que tomes una decisión."

Desde ese momento, cada día tengo presente esas palabras, porque en ellas descubrí todo lo que son capaces de dar los padres por un hijo, y no hay nada que admire más que su amor incondicional. Por buenas o malas que parezcan, las decisiones que toman los padres siempre están encaminadas a obtener el bienestar de los suyos, porque siguen la guía trazada por el corazón y, lo más importante, descubrí también otra cara del concepto de amor: amar no radica en dar lo que sobra, sino en dar lo que se tiene, lo que para uno es indispensable. Comprendí que la única forma en que mis padres me pedían que correspondiera a ese amor, a ese esfuerzo, a esa lucha, era siendo feliz.

Todos los días trato de equilibrar mi vida, al principio me resultó muy difícil, pero con esfuerzo, voluntad y concentración he logrado cosas muy positivas. Creo que todas las personas, con o sin discapacidad, necesitan hacer ese balance todos los días, necesitan medir sus debilidades y sus fortalezas, siempre anteponiendo la fuerza a la debilidad, para que no decaiga el ánimo, para seguir luchando, para sacudirnos el conformismo, para que los sueños lleguen a ser de carne y hueso y para que, día con día, evolucionemos, crezcamos.

En este proceso de crecimiento me fui dando cuenta de que en la adolescencia entramos en una especie de crisis existencial, pues si bien es cierto que invertimos la mayor parte de nuestras vidas buscando reconocimiento, éxito, aceptación, amor, etcétera, a veces nos perdemos al perseguir una idea falsa de felicidad. Es aquí donde nos desviamos y nos dejamos arrastrar por el espejismo de un deseo prestado, robado o adquirido por equivocación, pensando que en ese momento era lo que más anhelábamos. Una vez que se desvanece este espejismo, percibimos con más claridad lo que realmente queremos, lo que somos, lo que nos rodea, lo que en verdad vale. A través de todo este proceso, adquirimos distintas herramientas y fortalezas que a veces, por error, se pierden. Sin embargo, el espejo no refleja todo lo que somos ni todo lo que nos falta, y en un arranque emocional creemos que somos el reflejo que nos devuelve el espejo. Es entonces cuando nos sentimos satisfechos o inconformes con nuestra imagen, sin comprender que estamos solos ante una imagen que nuestro ser trasciende.

Durante la adolescencia creí ese espejismo, como lo dejan ver estas páginas iniciales que cuentan sólo parte de mi historia. Espero que al compartirla completa, no sólo te conmuevas, sino que redescubras todas las cosas maravillosas que nos rodean; espero que sea un motivo para que escuches más a tu corazón, el mejor consejero, y que, página a página, nuestras almas se vean reflejadas en el espejo de la vida, ya que las tristezas o las alegrías de todo ser humano finalmente son iguales, lo único que cambia es la manera de vivirlas.

Un 25 de abril…

El nacimiento de un bebé trae consigo alegría e ilusión, mi caso fue distinto. Ese 25 de abril de 1978 fue motivo de tristeza, preocupación e incertidumbre para mis padres. Yo nací sin brazos en una época en que la discapacidad era sinónimo de castigo y desesperanza. Por fortuna, mis papás nunca compartieron esta idea. En medio de la inexperiencia común de todo padre y madre, decidieron criarme igual que a mi hermana Eloísa —de ahora en adelante Elo—, un año mayor que yo. Con esta referencia, tomaron una de las decisiones más importantes de aquel entonces: encausarme hacia lo que se conoce como "educación especial", pues a sus ojos, un bebé sin brazos no podía hacer muchas actividades "naturales para un ser humano "completo", o darme el mismo trato y educación que cualquier niña requiere. Sobre esto, mi mamá comenta:

> Pensamos que sería una niña deseosa de todo, pero descubrimos que comenzó a apropiarse del mundo con los pies: su biberón, sus juguetes, incluso nuestras manos. Nuestros primeros sentimientos fueron de asombro, sorpresa y desconcierto, pues nadie le había enseñado cómo usar sus pies. Fue así como empezó a desarrollar las actividades propias de su edad: jugar, comer, dibujar, escribir. Por eso decidimos darle la oportunidad de demostrar lo que era capaz de lograr.

La segunda decisión importante para la vida familiar fue de qué manera me tratarían: ¿Como a una niña a la que le festejaran todos los malabares, todas las monerías que hacía con los pies? De ser así, ¿cómo aprendería el sentido de la responsabilidad y el compromiso? A mi hermana Elo le enseñaban estas destrezas éticas asignándole tareas adecuadas para su edad. Cada labor cumplida se traducía en derechos e incentivos que la motivaban a responsabilizarse de todos sus actos, y mis padres querían que yo aprendiera del mismo modo. Finalmente, decidieron tratarme igual que a mi hermana; decidieron darme los pertrechos necesarios para salir al mundo y cumplir con mis obligaciones, para así ganar derechos y formar los cimientos necesarios para el logro de mis sueños profesionales, personales, espirituales y sentimentales, porque el compromiso con nuestras responsabilidades, amigo lector, es una puerta hacia la realización.

MIS PRIMERAS MANOS

Como ya te conté al principio de este libro, los médicos no encontraron una explicación a mi discapacidad, por lo que mis padres decidieron dejar a un lado la preocupación, para mejor ocupar su tiempo y energía en resolver mi circunstancia.

Su instinto los llevó a buscar lo que me faltaba: unos brazos sustitutos. Así, marcaron el inicio de un largo peregrinar por hospitales, instituciones y fundaciones de México, donde se encontraban con la misma respuesta: "No hay nada qué hacer. La niña está muy chiquita, tendrán que esperar a que crezca para que pueda controlar más su cuerpo, y eso será aproximadamente hasta los seis años." Para mis padres, seis años representaban una eternidad, mucho tiempo perdido, por lo que, en una de esas visitas, convencieron a un médico para que me pusiera unas prótesis. La resistencia médica nacía de la dificultad de explicarle a una niña de dos años que necesitaba, inevitablemente, usar garfios, algo tan ajeno al cuerpo, cuando la criatura apenas estaba aprendiendo a usar sus extremidades. Los médicos argumentaban que ni siquiera entendería la forma en que se manejan estas manos mecánicas, sin contar con las severas exigencias de las terapias, esas jornadas de ejercicios repetitivos, aburridos y difíciles.

La insistencia de mis padres logró derrumbar las barreras de la ciencia médica. Contra todo pronóstico, asumieron el compromiso de enseñarme a usar mis nuevos brazos, así como a estar presentes en todas y cada una de las terapias. Los médicos no tuvieron más remedio que ponerme unos brazos artificiales a los dos años, para que fuera aprendiendo a controlarlos cuanto antes y prepararme así para ir a la escuela, como cualquier otra niña. Con toda sinceridad te digo que a mis veintinueve años, (edad que tengo al publicarse este libro) todavía no alcanzo a comprender de qué artes se valieron mis papás para explicarle a una niña de dos años que tenía que cargar unos garfios, porque yo recuerdo que mi primera reacción fue de un profundo miedo, no dejaba de preguntar: "¿Cómo voy a usar esos garfios que trae el malo de la película?" Yo quería ser la princesa del cuento; prefería usar una tiara, un vestido largo, bailar con el príncipe en un majestuoso salón, dar vueltas y más vueltas, hasta que los colores del vestido y el brillo de la tiara se confundieran y me transportaran al sueño más increíble. ¡Por Dios! ¿Qué semejanza había entre este magnífico sueño y los garfios de unos brazos mecánicos? ¿En qué se parecían el fastuoso salón en el que me imaginaba bailando y la rehabilitación en un cuarto de hospital de paredes blancas y frías?

Sin embargo, en estas circunstancias, la convicción pudo más que la imposición. Por convicción, descubrí el lado positivo de mi caso. En medio de su amor, mis papás me explicaron poco a poco el porqué de la situación, a lo que se sumó el entusiasmo de los médicos por enseñarme a usar unos brazos mecánicos y comprobar que una niña de dos años les entendía, trataba de seguir las instrucciones, independientemente de que después de meter en una base un montón de figuras regadas, un delicioso chocolate me esperaba en la esquina de la mesa, un chocolate que saborearía con Elo que ya estaba afuera con mi muñeca preferida para jugar en cualquier momento. Imposible olvidar estos detalles que fueron llenando de calidez esas cuatro paredes.

Por fin aprendí a usar mis nuevos brazos. He de confesar que entonces, las terapias no se desarrollaban bajo una atención personalizada y no ayudaba en nada el hecho de convivir con pacientes más grandes que yo, así que en ciertas ocasiones, por largos periodos, las terapeutas me dejaban sola en un cubículo donde tenía que practicar cierta tarea. Una vez sola, me quitaba los zapatos para terminar el ejercicio con los pies. Prácticamente, realicé la mitad de mis tareas con los pies, lo que me ayudó a desarrollar de manera natural una enorme precisión y habilidad con ellos.

Con el tiempo, mis actividades con los pies no sólo mejoraban, sino que también iban en aumento. Mi mamá, desconcertada, puso a los médicos al tanto de mis avances y ocurrió algo muy curioso: no le creyeron. No podían dar crédito que una niña, ya de tres años, realizara tantas actividades con los pies, sin que nadie le hubiera enseñado, así que, rápidamente organizaron una reunión para que demostrara mis destrezas. Mi mamá cree que no me acuerdo, pero hasta el día de hoy puedo reconstruir la escena como si hubiera sucedido ayer.

Después de recorrer un largo pasillo —mi mamá me llevaba en brazos—, entramos en un cubículo. Mi mamá me sentó en una de esas planchas que parecen camas, características de los hospitales. Recuerdo percibirla muy nerviosa y dispersa. Me quitó los zapatos y las calcetas, lo cual me desconcertó, pues nunca antes en el hospital había hecho algo parecido, yo siempre había trabajado allí con esas pinzas que, a decir de los médicos y mis papás, eran mis "bracitos". Poco después entró una señorita, muy joven, que usaba una bata blanca y con quien mi mamá intercambió algunas palabras para luego dejarme en sus brazos. Recuerdo que esta señorita caminó unos cuantos pasos y entró en una gran aula donde muchas personas de bata blanca esperaban expectantes mi llegada. Caminó hacia el centro y me sentó en una plancha gris muy fría. Ningún rostro me resultaba familiar, salvo el de un médico que había visto anteriormente, y el cual mencionó algunas palabras, entre ellas mi nombre. Luego se me acercó y me dijo: "Adriana, tu mamá nos comentó que puedes hacer muchas cosas con los pies, ¿podrías enseñarnos?", la pregunta quedó suspendida en el aire. Yo permanecía quieta, inmóvil, y mi terapeuta, una joven de cabello corto, rizado y rubio, se me acercó para pedirme que me quitara las prótesis. Subí los pies a la plancha, me quité el vestido amarillo que llevaba —por cierto, uno de mis favoritos porque era largo—, me desabroché la correa

23

de las prótesis, que era muy parecida a la de un cinturón y, poco a poco, me recosté a medias para dejar caer los brazos mecánicos en la fría plancha. Un murmullo se extendió por toda el aula y de nuevo la terapeuta se me acercó para pedirme que me pusiera otra vez las prótesis. Me volví a recostar para que estos brazos embonaran en mi hombro como si fueran una capa abierta, después me senté, las abroché y, por último, me puse el vestido. La terapeuta pidió que les enseñara hasta dónde podía estirar el pie y no me costó trabajo tocarme la nuca con él. Me abrazó y me susurró algo así como: "Muy bien, mi niña, ya es hora de irse." Éste fue mi primer público.

El recuerdo de esta experiencia me conduce a una reflexión: nunca debemos subestimar la capacidad de ningún ser humano, ya que su naturaleza consiste en salir adelante tanto con lo que tiene, como con lo que le falta. Hasta el día de hoy, ni mamá ni yo sabemos qué se comentó en esa aula; no sé si hoy los médicos me recuerden, si habrá cambiado su perspectiva. Lo que sí sé es que en todo momento se me respetó como niña. No recuerdo ni un solo comentario, ni una sola acción que me haya lastimado. A veces creemos que los niños no entienden y que podemos hacer o decir cualquier cosa frente a ellos. Sin embargo, cabe recordar que no corresponde al cerebro clasificar ni las buenas ni las malas acciones. Ésas quedan grabadas en el corazón, sea cual sea la edad, bajo la forma de actitudes que delinearán nuestra forma de ser.

LOS NUTRIENTES DE MI VIDA:
EL AMBIENTE FAMILIAR Y MÉDICO

Unas de las actividades más difíciles, aburridas, tediosas, pero sumamente necesarias en la vida de una persona con discapacidad, son las terapias. De momento no resulta clara la finalidad de una serie, en apariencia interminable y sin sentido, de movimientos que deben repetirse una y otra vez, sin resultados inmediatos. Sin embargo, a fuerza de no rebelarse contra estas repeticiones, a fuerza de perseverar y ser constantes, los beneficios y resultados se manifiestan de manera generosa.

En mi caso, tuve la fortuna de salir victoriosa de mis terapias gracias a un ambiente familiar y médico lleno de incentivos, de acciones motivadoras. Debido al horario de trabajo de mis papás, mis terapias se programaron a primera hora de la mañana. En aquel entonces, vivíamos en la avenida Lázaro Cárdenas, que estaba bastante retirada del Centro de Rehabilitación Mexicano, ubicado en San Fernando, y el cual me recibió durante diez años, un día sí y un día no. Me despertaban cerca de las cinco de la mañana, salíamos a las cinco cuarenta y cinco para llegar al centro de rehabilitación a las siete en punto. Recuerdo perfectamente el frío de esas madrugadas, las calles aún vacías y la ausencia del sol. Estoy segura de que muchos padres e hijos vivieron o están viviendo ahora estas largas jornadas.

En cuanto llegábamos, el centro abría sus grandes rejas negras a un enorme jardín, donde un señor, ya mayor, enfundado en un overol de mezclilla, me saludaba con una gran sonrisa. Me daba los buenos días y me regalaba una flor. ¡Era el jardinero de ese hermoso paraíso vegetal! Esta flor y las cosquillas que me hacía en la panza, eran tónicos muy eficaces para comenzar el día. De allí me iba a la terapia, donde me entretenía repitiendo una serie de ejercicios musculares con el fin de que mis hombros fueran lo suficientemente fuertes para cargar las prótesis. Después armaba unos tableros de figuras, fáciles para los pies, muy difíciles para las prótesis, y luego hacía ejercicios para ganar equilibro y mantener el cuerpo en su centro, para poder caminar. Todavía no uso las escaleras eléctricas, ya que dar el primer paso para abordarlas requiere precisión y equilibrio. Al salir de esta rutina, un técnico que se llamaba Felipe, se daba a la tarea de ajustar las prótesis. Después seguíamos un pasillo estrecho que conducía a unos *lockers*, dentro de los cuales había algunos dibujos y, lo mejor: ¡una que otra hoja para dibujar, y a veces hasta un dulce! En ocasiones se aparecía por allí el señor España, un hombre grande de tamaño y de edad. Me tomaba del brazo postizo y me llevaba a un teatro pequeño que era parte del instituto y que, por cierto, casi siempre estaba cerrado por remodelación. Había allí un caballete con una pintura por terminar. El señor España me sentaba al lado de él y con sus prótesis —porque tampoco tenía brazos— agarraba el pincel, se lo colocaba en la boca y empezaba a pintar. Recuerdo que podía quedarme horas viendo cómo su pincel inauguraba una vida a todo color sobre ese lienzo.

Más que el recuerdo de la aburrición o el tedio de las terapias, y de las odiseas para llegar al instituto, todos y cada uno de estos gestos han encontrado un lugar en mi mente, en mi corazón, todos estos detalles de amistad, de preocupación compartida, de lucha, de perseverancia, de apoyo brindados por esos seres humanos fueron, tal vez sin proponérselo, grandes ejemplos para mí, grandes incentivos que me alimentaron con el ánimo necesario para fluir día a día.

Por ello, vaya este capítulo como un homenaje y un hondo agradecimiento a los doctores, técnicos, terapeutas, trabajadoras sociales, psicólogos, secretarias, jardineros. A todas y cada una de las personas que dan vida a instituciones que atienden a los discapacitados.

Gracias a la entrega de gente como ésta, muchas personas hemos sido capaces de sobrevivir en momentos difíciles, de tener fe en las terapias y los tratamientos.

Quisiera también sugerir a los papás de niños con discapacidad que acompañen a sus hijos a las terapias, ya que la mayoría de las veces esta tarea se delega enteramente a las mamás. Nadie ignora que resulta difícil coordinar los horarios y tiempos de trabajo con los de las terapias. Sin embargo, no se trata de una labor imposible. Los niños con discapacidad necesitan de sus papás y sus mamás luchando en un frente común, con los sentimientos a flor de piel, para sobreponerse a un accidente o al nacimiento de un niño al que algo le falta. Sin duda, resulta doloroso enfrentarse a una terapia porque es como ser espectador de una película donde uno también ha sido el protagonista: sé que muchos padres quisieran tener el antídoto para curar de una vez y para siempre esas heridas que anidan en el alma; sin embargo, basta con mirar detenidamente la situación para comprender que a los papás les sobra amor, fortaleza y, sobre todo, interés por ayudarnos a realizar un sueño común: el de la autonomía e independencia de una persona con discapacidad, factor indispensable que nos da fortaleza para aceptar y hacer frente al reto que nos ha tocado vivir.

Pronto pasaron cuatro años. Mis papás se sentían tranquilos, felices. Las terapias para que aprendiera a usar las prótesis habían rendido sus frutos. Sin embargo, los proyectos que tenían para mí no habían terminado. El paso siguiente consistía en buscar una escuela, y se preguntaban si me inscribirían en una escuela regular o en una especial. Con mucho tino, concluyeron que lo más indicado sería que asistiera a una escuela regular, ya que mi discapacidad era física, no mental. En aquel entonces, mis padres querían que asistiera a la escuela sólo para que yo conviviera con niños de mi edad. Conforme pasaron los años, este interés inicial fue cambiando: grado con grado se consolidó en mí la idea de estudiar una licenciatura universitaria. Y empezó el peregrinaje en busca de una escuela. Para desdicha de mis papás, no me aceptaron en muchos centros escolares. La negativa era rotunda en cuanto los directores veían que me faltaban los brazos; ellos explicaron una y otra vez que se trataba tan sólo de una discapacidad física, que era capaz de seguir sin problema las indicaciones, como cualquier otro niño, que se trataba de un asunto resuelto, pues sabía usar las prótesis y con ello había ganado autonomía, que nada perderían si me daban una oportunidad, pero las escuelas simplemente me negaban la inscripción. Argumentaban que ninguna maestra sabía cómo funcionaban las prótesis y que podría haber problemas a causa del desconocimiento; que no sabían cuál sería la reacción de mis compañeros al verme sin brazos, y mucho menos la de los papás de los niños si se enteraran que en la escuela había una niña con discapacidad. También temían que todo esto bajara el nivel académico de la institución.

Sin embargo, como reza el dicho: "Dios aprieta, pero no ahorca." Finalmente, una de las tantas escuelas que visitamos, el Instituto Anglo Latino, nos abrió sus puertas, decidió correr el riesgo de aceptarme. Los directores estaban convencidos de que mi caso sería una gran lección para los demás niños que, entre otras cosas, aprenderían a convivir con una persona con discapacidad, a la vez que yo aprendería a convivir con niños sin discapacidad. No cabe duda que esta escuela tuvo siempre claro que todos necesitamos de todos.

Cabe aclarar que el interés de mis papás por inscribirme en una escuela echó raíces cuando descubrieron mi interés por los dibujos que había hecho Elo en "un lugar" al que se iba toda la mañana y del cual regresaba algo cansada. Sin duda, yo quería ir a ese lugar que suponía tan divertido, entonces mi papás me dijeron: Adry, si quieres ir con tu hermana es necesario que te pongas tus prótesis, y como siempre he sido buena para negociar, accedí sin chistar, con una sola condición: las usaría sólo mientras fuera a ese lugar con mi hermana, porque una vez en la casa, haría todo como a mi me gusta; es decir, con los pies. Ahora mis papás me confiesan que, a pesar de este acuerdo, ellos se hacían los distraídos o los ocupados para dejarme un rato más las prótesis, pero, ¿qué creen que fue lo primero que aprendí de mis prótesis? ¡Pues sí, efectivamente, a quitármelas! Y así, cuando menos se daban cuenta, yo ya no las traía puestas.

Poco después descubrí que el lugar al que iba Elo, era justamente la escuela, ¡y me di una arrepentida tremenda por haber aceptado ir allí! No, no es cierto, es sólo una broma, porque gracias a la escuela he podido lograr todos mis sueños. Además de la formación intelectual, física y de otros aspectos del ser humano, la convivencia diaria con un grupo que ríe y llora igual que yo, me dio una fuerza que hasta hoy me ha mantenido en pie. Así fue como inició mi trayectoria de estudiante, misma que pude sostener por la promesa de que usaría las prótesis en la escuela, las que podría quitarme sólo en caso de que un papá o un compañero se quejara. Afortunadamente, ambas partes permanecieron hasta el fin de mis estudios.

UNA BOCANADA DE AIRE

Son tantas las lecciones que aprendí de mis papás, que un solo capítulo resulta insuficiente para compartirlas. Entre ellas, destaca una que ocupa un lugar muy especial en mi corazón.

Nadar es uno de mis deportes preferidos, una de esas actividades que podría hacer todo el día. Cuando tenía tan sólo cuatro años, mi papá se dio a la tarea de enseñarme a nadar. Al percibir la inquietud y el entusiasmo que me despertaba ver o estar cerca del mar, me compró un salvavidas que obviamente no se ajustaba a mi cuerpo porque me faltaban los brazos para sostenerlo. El salvavidas no me sirvió más que para recortarle los dibujitos que después usé para ilustrar.

Mi papá no se dio por vencido. Observó a Elo, muy feliz, nadando con sus flotadores y pensó que yo bien podría usar mis piernas en lugar de mis brazos. Le pidió a Elo sus flotadores y después de librar una lucha campal contra mis piernas, por fin logró ajustármelos. En cuanto estuve en el agua, mi cabeza volteó mi cuerpo por completo hasta que quedó hundida en el agua.

De inmediato mi papá me sacó del agua, para aventurarse a un tercer experimento. Esta vez recurrió a un chaleco que me ajustó perfectamente al tronco, para que no se me fuera a salir con el vaivén de las olas. Eran tales sus ganas de enseñarme a nadar que hacía todo lo posible para que no me desanimara. En cuanto me aventó al mar descubrimos que ya no me hundía, ¡más bien me asfixiaba por lo apretado que me había amarrado el chaleco! No tardó en sacarme del agua para quitármelo, tomarme por los hombros y preguntarme: Adriana, ¿en verdad quieres aprender a nadar? Yo respondí afirmativamente con el mismo entusiasmo con el que habíamos iniciado esta aventura. Entonces tendrás que aprender a nadar con lo que tienes, a sacarle provecho a tus recursos. Yo confío en ti y sé que cuando te lo propones obtienes lo que quieres. Y sin decirme más me lanzó al mar. Todavía recuerdo el impulso que tomé para salir por mi primera bocanada de aire, así como la alegría y el gozo que despertó en todo mi ser aprender a flotar, después de tantos y tantos intentos. Este aprendizaje no significaría tanto para mí si mi papá no hubiera estado a mi lado.

Por eso, cuando emprendo algún proyecto o quiero hacer realidad algún sueño, lo comparo con esa primera vez que me lancé al mar: toda nueva empresa parece que encierra el mismo misterio, la misma inmensidad y la misma belleza que el mar. Son muchos los temores que nos invaden cuando estamos a punto de dar el primer paso, porque desconocemos por completo el rumbo que tomará todo el trabajo previo que venimos haciendo y en este punto sólo estamos seguros de que sentimos la misma incertidumbre que cuando nos paramos por primera vez frente al mar. Sin embargo, hay que animarse, armarse de valor para dar ese gran salto. Y estando en el fondo del mar, tú decides si el sonido del agua profunda te angustia o te relaja; ya decidirás si abres o no los ojos para disfrutar la maravilla de la vida marina. Y una vez que hayas visto lo suficiente, nadarás para salir a flote y tomar una primera bocanada de aire, tan maravillosa como la realización de un deseo largamente esperado.

Cada vez que inicio un proyecto, siento la confianza que gané en mi primera lección de natación, una lección que también me da fe y esperanza en los momentos en los que no encuentro salidas inmediatas ante el fracaso. Y, sobre todo, no olvido esa lección porque mi papá estuvo siempre conmigo. Con el tiempo, me quedó el sabor de unos buenos tragos de agua salada y la fuerza y la seguridad en todo lo que emprendo.

Estoy segura de que tú también has vivido una experiencia parecida. Busca en tu corazón y la encontrarás; toma de ella la inspiración necesaria para alcanzar aquello que tanto anhelas. El tiempo no logra desvanecer instantes tan enriquecedores como ésos. Se conservan casi intactos, siempre y cuando los guardes en tu corazón.

La clave es la comprensión

Mi vida escolar resultó todo un reto no sólo para mí, sino también para mis papás y mi hermana. Elo siempre se preocupó por integrarme en todas sus actividades, y desarrolló un gran espíritu maternal: me quería proteger tanto, que en la primaria, casi todas sus amigas eran mis amigas. Cuando Elo terminó la primaria, mis amigas, por así decirlo, se graduaron con ella y me quedé con muy pocos amigos. La extrañé mucho. Para mí fue muy difícil acostumbrarme a su ausencia, a estar sin ella en la escuela, por no hablar de la dura lección de comprensión hacia los demás que aprendí en esta etapa de mi vida.

En sexto año —un grado muy importante pues representa el cierre de un ciclo no tan sólo escolar, sino de ese tipo de vida—, nos asignaron a una maestra que tenía un método de enseñanza que, a mis escasos once años, no entendía. Era una maestra que probablemente te tocó en alguna etapa escolar: gritaba mucho, se desesperaba con facilidad, y creo que a veces decía o hacía cosas sin pensar, creyendo que con sus duras acciones obtendría la fórmula para motivarnos a aprender.

Reconozco que no tenía muy buena letra durante la primaria y que siempre escribía con lápiz, pues con las prótesis se me dificultaba sujetar una pluma: debido a su forma y material plástico se me resbalaba, se me caía de los garfios. A pesar de que en casa practicaba la escritura con pluma, en la escuela me paralizaba el temor de no terminar los textos en clase. Ese año, por una supuesta orden de la Secretaría de Educación Pública, los alumnos debíamos escribir con letra manuscrita. En años anteriores se me había permitido escribir con lápiz y en letra de molde, pero a la maestra, ambas cosas le parecían bastante graves a mi edad. Así que se propuso corregirlas, aunque no con el mejor método: me hacía repetir todos los resúmenes y las tareas mínimo tres veces, y desde que inició el año sólo me permitió escribir con letra manuscrita. Imaginarás que mis trazos no sólo parecían patas de araña: eran auténticas patas de araña unidas unas con otras. Cuando estudiaba de mis apuntes, no entendía nada, lo cual repercutió en una baja considerable de mis calificaciones y de la seguridad en mí misma. En una ocasión, la maestra, desesperada y molesta porque mi letra no mejoraba con sus métodos, me arrojó el cuaderno. Como las prótesis no fueron lo suficientemente precisas para atraparlo, me cayó encima.

Es increíble cómo la personalidad de un niño resulta tan frágil. Es difícil comprender que la edad no representa un impedimento para pedir respeto como ser humano y escapar es la única solución viable. Por primera vez en seis años decidí que ya nunca más asistiría a una escuela. Mis papás se desconcertaron mucho, pues aunque estaban al tanto de la compleja relación con la maestra, nunca se imaginaron que llegaría a tal punto. Siempre pensaron que los primeros años serían la prueba de fuego para mí, que el último año de la primaria estaría ya más acoplada al sistema de educación formal. Nunca antes había visto a mis papás tan molestos y preocupados como en aquella ocasión. Decidieron hablar con la maestra y la directora para solucionar el problema, y con la maestra, para recordarle que la exigencia y el respeto no son actitudes contrapuestas; que, muy al contrario, son fuerzas que se entrelazan entre sí.

Resulta de vital importancia el apoyo de los padres en este tipo de problemas que para el niño representan un fuerte agravio. Con este respaldo, los papás lograrán que en futuras ocasiones la comunicación fluya de manera más sencilla, pues se habrá creado un lazo de confianza verdadero y mucho más sólido. Así, llegada la adolescencia, los papás podrán ayudar a sus hijos a resolver ciertas dificultades, y más aún: a evitar serios problemas en los que no sólo está en riesgo una calificación, sino la vida misma.

Cuando somos pequeños nos cuesta trabajo decir que algo anda mal, pues creemos que somos nosotros los que estamos en un error o que el maestro o cualquier otro adulto siempre están en lo correcto y, además, creemos que nuestros padres le darán la razón a esa persona o, en el peor de los casos, que se enojarán para siempre con nosotros. Por eso, en momentos como éstos, es muy importante que los padres busquen las palabras necesarias para que los pequeños sientan confianza de hablar y, sobre todo, se sientan apoyados, comprendidos y protegidos. Es en la comprensión de los pequeños grandes detalles donde se pueden encontrar las respuestas a los grandes problemas.

Sobreprotección y amigos de verdad

Entrar a la secundaria fue un reto hermoso. En todo momento me sentí cuidada, aunque nunca estuve de acuerdo en que, para ingresar a una escuela regular, tuviera que presentar exámenes adicionales por el sólo hecho de ser una persona discapacitada. Confieso que los argumentos de Jesús Cárdenas, director de la escuela secundaria y preparatoria Makarenko, y hoy mi gran amigo, resultaban muy confortantes, me hacían sentir segura y respaldada porque ya no se referían al daño psicológico que mi presencia pudiera ocasionar tanto a mis compañeros como a sus padres. Ahora, las autoridades de la escuela se preocupaban por mí, tenían miedo de que los niños me fueran a lastimar, pues, sin duda, el humor y las bromas de los alumnos de secundaria podrían resultar pesadas o hirientes.

Hoy más que nunca, agradezco esa preocupación. Sin embargo, creo que a veces los temores ajenos y la preocupación por protegernos terminan por herirnos más. Siento que el temor en sí no sólo es de los padres, sino también de la gente mayor que rodea a un niño con discapacidad, con alguna dificultad económica, o a un niño simplemente introvertido. El temor de que los hijos resulten lastimados conduce a los padres a la sobreprotección, actitud que, tal vez involuntariamente, atrae todo aquello que deseamos evitar. Cuando hay sobreprotección, disminuye la capacidad de superar alguna debilidad y, alguien que resulta incapaz de superar una limitación, se convierte en el blanco perfecto de la diversión de otros, de gente que de esta manera alimenta supuestas fortalezas, así como su propio ego. Esto resulta cruel, es una forma negativa de descubrir, por parte de quien se considera completo, sano, la fuerza que tiene ante otra persona con discapacidad. Es una vía engañosa para medir cuánto dominio se tiene sobre las personas consideradas equivocadamente "débiles."

En estas situaciones, todos salen perjudicados: los papás, al ver frustrados sus deseos de protección sobre el niño, ya que finalmente, a sus espaldas, éste resulta lastimado y pierde fuerza y autonomía; nace en él una profunda tristeza por no ser como los demás y disminuye así la capacidad de convivencia. Por otra parte están los agresores, que en lugar de ganar reconocimiento de los otros a través de acciones positivas, con el tiempo resultan cada vez más rechazados.

¿Qué hacer en estos casos? Aunque pareciera que el agresor es el causante de esta difícil situación, quisiera enfatizar que en realidad corresponde a los padres del niño con discapacidad cobrar conciencia de que ni las historias ni la gente que rodean al niño con discapacidad serán siempre las mismas. Que no existe algo así como una fórmula mágica que libre a todos los niños de las burlas que pudieran lastimarlos. No puedo eliminar por completo las consecuencias generadas por esas burlas. Lo que sí puedo hacer es compartir la manera en que libré una situación parecida. Deseo de todo corazón que les sirva a los niños y que alimente la tranquilidad de todos esos padres.

Quisiera pedirte que cierres los ojos para imaginarte que eres un niño que llega por vez primera a un aula y ves a una niña con unos garfios que únicamente le habías visto al capitán Garfio en la película de Peter Pan. Percibe el desconcierto que sientes al no saber qué ocurre con esa niña, al desconocer aquello que tiene puesto. Abre los ojos y percibe todos estos sentimientos que tienes a flor de piel. ¿Qué podrías hacer con ellos? Justamente, aquí viene la mejor parte: todos estos sentimientos se encuentran oscilando en una balanza, que, de un lado, se inclina hacia burlarse de la situación, sacarle provecho y, del otro, se inclina hacia ayudar, descubrir, aprender. ¿Por cuál parte te inclinarías? Esta decisión bien podría tomarte un día o dos, el tiempo justo para ver, de manera escueta, cómo se comporta esta niña, cómo se comportan las personas adultas a su alrededor. Estos días valdrán oro, pues son momentos cruciales para nuestro futuro. Dependerá totalmente de nuestra actitud y la de nuestros padres que la balanza se cargue hacia el lado positivo.

Cada vez que entraba a algún nuevo salón de clases, trataba de establecer empatía con mis compañeros, sobre todo, respecto a sus pensamientos hacia mí. Así, en cuanto tenía la primera oportunidad de hablar, saludaba a alguno de ellos, le preguntaba cómo estaba, cómo se llamaba, y de inmediato me presentaba. En esta primera presentación le aclaraba todas esas dudas que, creo que le asaltaban al verme, sin que me las preguntara abiertamente: ¿Por qué no tenía brazos?, ¿qué podía y qué no podía hacer? En suma, ¿cómo me las arreglaba en la vida? Enseguida le platicaba también de mi habilidad para usar los pies, que equilibraba mi discapacidad, pues creo que los motivos de burla surgen fundamentalmente por ignorancia, por miedo a pensar que algo similar puede ocurrirle a quien me ve por primera vez. Una vez aclarados estos aspectos, acompañados de simpatía, humildad, sinceridad y un espíritu de lucha dispuesto a buscar la forma de ayudar, disminuían considerablemente las posibilidades de que alguien se burlara de mí.

Ahora, ¿qué hacer con la sobreprotección? Creo firmemente que no sólo es responsabilidad de los padres no caer en la sobreprotección. Si bien son ellos quienes la otorgan, siento que también es responsabilidad de los hijos con discapacidad. Desde que somos bebés y, conforme crecemos, descubrimos que somos capaces de realizar muchas actividades por nuestra cuenta. Por ejemplo, cuando nos dan de comer en la boca intentamos hacerlo solos, aunque nos ensuciemos, aunque terminemos con las papillas hasta por detrás de las orejas. Y los papás nos dejan intentarlo, ya que saben que no podrán darnos de comer en la boca toda la vida y, lo más importante: están ciertos de que lo podemos hacer, que el tiempo y la práctica nos ayudarán a perfeccionar cada movimiento.

Como ya te habrás dado cuenta, el éxito de este aprendizaje depende de que cada cual aprenda a ocupar su lugar. Sin embargo, ¿qué ocurre cuando crecemos, cuando ya somos grandes? ¿Por qué se da la sobreprotección? Sin duda, por la complejidad de las tareas, de los retos, del esfuerzo que implica enfrentar uno mismo situaciones difíciles y, a veces, sin querer, preferimos no salir de nuestra zona de confort, sobre todo, cuando hay alguien que nos puede hacer las cosas. En esos momentos, no percibimos que a la larga, esa comodidad temporal nos perjudicará gravemente, ya que no siempre habrá alguien a nuestro lado que nos resuelva hasta las cosas más simples de la vida; con mayor frecuencia de lo que estamos dispuestos a reconocer, nos escudamos en frases como: "Es que mis papás no me dejan hacer las cosas por mí mismo", cuando sabemos que nos dieron de comer en la boca hasta que quisimos, cuando estamos al tanto de que la naturaleza de los padres consiste en proteger a toda costa a sus hijos. Sería difícil pedir a los padres que cambien su naturaleza, aunque sí podríamos sugerirles que la midan, que la maticen, ya que en el equilibrio de la protección está el futuro de nuestra supervivencia.

Va una anécdota que bien podría ejemplificar esta actitud de equilibrio. Cursaba segundo año de secundaria y un buen día, el profesor de deportes se apareció en la unidad de básquetbol y me dijo: "Adriana, ¿qué podemos hacer contigo para calificar esta unidad?", de inmediato sugerí un trabajo escrito, me pareció lo más idóneo para el caso, pero el profesor me respondió que no, que de hecho iba a dejar un trabajo para cubrir la parte teórica. De nuevo hizo énfasis en la cuestión práctica. Piénselo y nos vemos la próxima clase. Desde luego que me quedé totalmente desorientada, sin saber qué hacer. No podía botar una pelota con los garfios ni mucho menos cacharla. Le platiqué a mis amigos y ellos sin decirme nada, sin ponerse de acuerdo entre sí, fueron uno por uno a pedirle al maestro que reconsiderara la idea de calificarme con un ejercicio práctico, pero el profesor no aceptó. Varios lo visitaron con la misma petición, pero el maestro ya ni siquiera los dejaba entrar a su cubículo. Desde la entrada les aclaraba: "Si vienes por lo de Adriana, mi respuesta sigue siendo *no*."

Llegó el gran día de la calificación y me pidió encestar una pelota, mínimo tres de cinco oportunidades. ¡Cómo lo iba a hacer! Me trajo una silla, la puso en medio de las canchas, me dio el balón y yo, más nerviosa que nunca, me quité los tenis, las calcetas, tomé el balón con las piernas, vi a mis amigos que estaban en el balcón, esperando el resultado. Lancé la pelota cinco veces y afortunadamente ¡logré encestar tres! Pasé mi examen de básquetbol, y lo más maravilloso de esta prueba de superación lo conservo en mi mente y en mi corazón: el gran acto de amistad de mis amigos que mostraron tanta preocupación por mí, por algo que a sus ojos resultaba injusto. Desde ese entonces y para siempre, supe que no se necesita ser perfecto físicamente para tener amigos de verdad, para contar con ellos no sólo en las buenas, sino también en las malas. Lo que se necesita es tener un corazón perfecto, dispuesto a dar amor en todo momento, en todas las circunstancias para corresponder así al compromiso nacido de uno de los vínculos más hermosos y mágicos: la amistad.

Solamente al principio

Lo más difícil de un proyecto, cualquiera que éste sea, es justamente el principio. De seguro, todos tenemos presentes los primeros días de clases, el día que salimos solos por primera vez, nuestro primer día de trabajo, entre muchos otros. Para mí, el primer día de clases en la universidad y la primera vez que salí sola a la calle se dieron casi al mismo tiempo. Mi hermana siempre ha ido un paso adelante de mí. Desde la primaria hasta la preparatoria fuimos juntas a la escuela. Ella ya conocía el camino y siempre nos hemos acompañado: al regreso de clases, en las clases y en los juegos, pero pronto llegó el momento de crecer, de que cada una tomara el rumbo de su destino, de sus sueños. Ella decidió ser contadora y yo, abogada; por consiguiente, nuestras escuelas y nuestros horarios ya no podían ser los mismos. Yo fui a la Universidad Tecnológica de México (UNITEC) y Elo a la Escuela Bancaria y Comercial (EBC). Éste fue el motivo que me impulsó a lograr uno de mis más grandes sueños o al menos uno de los más difíciles. Mi independencia. Elo se iba a otra escuela, razón más que suficiente para sacar todo mi ánimo, toda mi iniciativa de salir por primera vez sola a la calle. Confieso que fue un reto, un descubrimiento que llegó en el momento justo, pues en alguna ocasión, desesperada de ver que Elo y mis amigos salían a la calle con mucha autonomía, pensé: "Un día lograré el equilibrio corporal exacto; voy a poder sostenerme en una sola pierna el tiempo necesario para darle la vuelta a la llave, abrir la puerta, salir y ¡ser libre de hacer y de ir adonde yo quiera!" Y cuando por fin logré el tan anhelado equilibrio que me permitió abrir la puerta —después de buenas y malas experiencias—, entendí algo muy importante: la libertad no radica en un equilibrio físico, sino en el equilibrio entre nuestras decisiones y la responsabilidad con la que asumimos las consecuencias de éstas.

Aprendí esta gran lección en mi primera salida sola a la calle, que fue como salir por vez primera al mundo. Una fusión de miedo y felicidad me acompañó en esta aventura; una mezcla de sentimientos que surge cuando experimentamos y aprendemos algo nuevo, algo antes desconocido. Cuando tenemos la oportunidad de empezar un nuevo proyecto, a veces nos frena el miedo al fracaso o a ser lastimados. Cuando nos llenamos de valor para enfrentar este gran obstáculo, se descubren horizontes asombrosos, encantadores, así como otros terribles y dolorosos, incluso, odiosos. Sin embargo, cuando decidimos hacerle frente al miedo y procedemos al recuento de los logros, descubrimos que el riesgo ha valido la pena.

Cuando sientas temor de iniciar un proyecto, un sueño, acuérdate que conviene hacerle frente, no renunciar a él por muy doloroso o difícil que parezca porque, a la larga, una vez superada la prueba, adquirirás una fortaleza que ni siquiera sospechaste.

Un vistazo a nuestro alrededor

Resulta inevitable que una persona como yo llame la atención de los desconocidos, y todavía más cuando llego a un lugar público y subo los pies a la mesa, por ejemplo. Algo de esto ocurrió cuando entré al noveno cuatrimestre de mi carrera de leyes. El maestro que nos daba una de las materias se fracturó una pierna y, de inmediato, la siguiente clase, la escuela nos asignó a una maestra suplente. Inició la sesión según lo acostumbrado. Se presentó y nos platicó sobre su forma de trabajar y, equivocadamente, creí saber lo que iba a decir, así que me ocupé en pensar de qué manera nos evaluaría porque me preocupaba mucho no aprobar alguna materia en la recta final. De pronto, recuerdo vagamente haber escuchado la voz de la maestra diciendo: "Los zapatitos puestos." Como estaba distraída, creí escuchar: "Las pilas puestas"; es más, creo haber afirmado con la cabeza ya que en ese momento pensé: "Tiene toda la razón, en verdad tendremos que ponernos las pilas para no fallar en esta materia." Sin embargo, fui arrancada de mis divagaciones cuando escuché y vi a la maestra justo frente a mí, diciendo molesta: "Oiga señorita, ¡qué falta de respeto y educación tiene usted! ¿Cómo es posible que en un salón de clases, en noveno cuatrimestre, casi siendo abogada, no traiga los zapatos puestos? ¡Qué le pasa! ¡Póngaselos!"

La verdad es que me quedé helada y sentí vergüenza. No supe qué hacer porque nunca me había ocurrido algo así. Mis compañeros también se quedaron callados, podría asegurar que más desconcertados que yo al ver mi reacción: no decía ni hacía nada. La clase siguió su curso, aparentemente tranquila, aunque se sentía la tensión silenciosa del grupo. Lo peor fue que al salir mis compañeros me veían como a un cachorrito abandonado.

Ese día, mi papá fue por mí y le pedí que me acompañara a tomar un café, entre sorbo y sorbo, le confesé que el incidente con la maestra me había incomodado no tanto por lo que había dicho, sino por su actitud. También reconocí que no escuché sus indicaciones. Me confié porque casi todos los maestros trabajan bajo lineamientos similares. Aún así, buena parte del respeto hacia ellos nace de escucharlos aunque uno crea saber lo que van a decir. Aprendí que conviene estar siempre atenta para no lastimar a nadie, ni salir lastimada.

Los maestros transmiten una lección a cada momento; aquél día, la maestra no supo si me sentí triste, ofendida o enojada por su comentario. Ella hizo lo que creyó más conveniente, tal vez sin el afán de ofenderme. Aun así, de esta experiencia parecen haber derivado dos lecciones negativas que siento que permanecieron en el ánimo de mis compañeros. El hecho se les quedó grabado, toda vez que la maestra siguió dando su clase como si nada hubiera ocurrido y, asimismo, no se detuvo a pensar que quizá fue un error llamarme así la atención, después de darse cuenta de que no tenía brazos. Creo que una actitud como ésta cierra la posibilidad de aclarar los malentendidos: no tener intención de poner los puntos sobre las "íes" es la causa de perder grandes amistades, grandes amores. No ofrecer una disculpa o no reconocer un error, reducen nuestra calidad humana, así como las oportunidades para procurarnos una vida feliz. La verdadera fortaleza no echa raíces en quien ofende más o en quien se pretende más "fuerte" o con más autoridad, sino en quien reconoce una falta, que está dispuesto a perdonar, que siempre está en disposición de ayudar al que en apariencia resulta el más débil.

La segunda lección que aprendí en ese evento con la maestra, me parece de gran importancia, sobre todo en nuestros tiempos, y radica en observar. Respeto significa observar o mirar con detenimiento todo lo que nos rodea, antes de emitir un juicio o hacer un comentario que pudiera herir a alguien más. El que observa tiene la opción de ayudar a una persona en dificultades, incluso, puede salvar una vida, ya que mediante la atención podemos percibir cuándo alguien atraviesa una depresión, padece de alguna enfermedad, está viviendo una adicción, o sufre de abuso sexual, situaciones que suelen ocultarse por miedo al rechazo, y que se hacen visibles sólo a los ojos de quien se detiene a observar. ¿Cuántas vidas no se han perdido porque no nos dimos cuenta del problema de un hermano, un hijo, un papá o una mamá que vivían en una terrible confusión? ¿Cuántas veces no hemos podido ayudar porque no observamos?

Comparado con situaciones así de graves, el incidente con la maestra parece no ser relevante. Sin embargo, la observación es el elemento esencial que tiene el don de evitar algo más grave. Ante nuestros ojos, pierde cada vez más valor la importancia de los actos, de los detalles de las vidas de los demás. Sustituimos estos hechos que parecieran minucias de la vida por críticas equivocadas que ocasionan dolor, confusión, tristeza, actitudes que no ayudan ni construyen.

Corresponde a los maestros enseñarnos no sólo una materia determinada, sino brindar una formación integral, plena, que toque las fibras del ser. Son ellos quienes conviven la mayor parte del tiempo con el alumno y sólo si observan podrán detectar cuando algo anda mal. No quisiera que en este capítulo se percibiera que guardo algún rencor hacia los maestros, al contrario, los admiro enormemente y respeto su gran misión. Gracias a ellos tengo la oportunidad de compartir estas palabras, así como de ser abogada. Para mí, el incidente con la maestra es, incluso, un tesoro: me proporcionó una lección inolvidable y me dio el valor de transmitirla.

Sin embargo, no sólo en el aula universitaria viví situaciones difíciles. En una ocasión, un amigo que me gustaba mucho me invitó a tomar un café. Se trataba de un amigo con el que yo creía que la relación podría crecer y llegar a algo más formal. Por lo mismo, quería sacar a relucir todas mis cualidades y borrar todos mis defectos. Entonces, vivía la etapa de Miss Perfección. Pero en realidad, los nervios y la expectativa me llevaron a presentarme como lo que no soy y a hacer todo lo que no quería, en fin. Cuando llegamos al restaurante, traté de ser lo más discreta posible, pues sabía como llamaba la atención en lugares públicos, y me daba miedo incomodar a mi amigo por mi forma de hacer las cosas. Todo iba marchando con el viento a mi favor, cuando de pronto, de la nada, salió un mesero y me dijo: "Señorita, está prohibido subir los pies en las mesas de este lugar." Sentí una pena terrible, quería meterme debajo de la mesa, pero creo que siempre resulta mejor agarrar al toro por los cuernos. Hubiera sido más fácil quedarme callada o esperar a que mi amigo respondiera por mí. Como eso no ocurrió, opté por contestarle al mesero: "Es que no tengo brazos, hago todo con los pies, y como se me antoja comer algo, por eso los subí a la mesa. ¿Podría tomarnos la orden?" El mesero accedió de inmediato y pude ver que su cara se cubría de vergüenza, como había ocurrido unos minutos antes con la mía.

Seamos o no personas con discapacidad, todos podemos vivir un momento vergonzoso, y ese no nos hace ni mejor ni peor persona, somos humanos como siempre, sólo es cuestión de seguir el camino y no permitir que los errores de los demás frenen un triunfo personal o sofoquen la alegría. Aprendamos, pues, de estas experiencias no sólo para evitar el sentirnos mal, sino también para que no hagamos sentir mal a alguien por no fijarnos y, no observar lo que tenemos cerca. Por eso, antes de lanzar un comentario, cualquiera que ésta sea, pon atención, observa a la vida misma para que la vida te devuelva el respeto que siempre te has merecido.

SALVANDO AL SÚPER HÉROE

Una tarde del 25 de abril, día de mi cumpleaños número 24, estaba terminando de bordar un obsequio para un amigo muy querido, no es una tarea que haga muy seguido pero era una ocasión especial; me faltaban ya unos toques cuando el hilo se terminó, mi papá siempre presto se ofreció a traérmelo rápidamente para terminar y partir el pastel, pero aunque iba de prisa, mi perro Nicky que es ya como un hermanito para nosotros —las mascotas son leales, protectoras, alegran el alma y ayudan a sortear los momentos cotidianos que son tediosos, siempre están ahí y están dispuestas a dar tanto amor y muchas veces se convierten en un miembro mas de la familia, pues bien, ese lugar se lo ha sabido ganar mi perro Nicky—, de inmediato se le acercó a mi papá y como era una salida rápida decidió cargarlo y llevárselo sin correa, mi papá conocía bien el camino y sabía que en un negocio que estaba a unas cuadras tenían unos perros encadenados que cuidaban el lugar, así que se bajó la banqueta pero el perro pastor belga tenía la correa mas suelta de lo normal y atacó a Nicky pero mi papá rápidamente lo tomó y no permitió que aquel perro lo estrangulara; mientras lo defendía, otro perro de la misma raza atacó a mi papá en una pierna, por un tiempo mi papá y los perros forcejearon entre sí pero aun así no soltó a Nicky, por valentía pero principalmente por amor a nosotras porque él sabía lo mucho que queremos a Nicky. De pronto los dueños de los perros se dieron cuenta de lo que pasaba y rápidamente intentaron separarlos pero las mandíbulas de los perros estaban trabadas, entonces mi papá les dijo que trajeran algo para destrabar sus mandíbulas; después de un rato lograron separar a mi papá y a Nicky de los perros, los dos quedaron fuertemente heridos, recuerdo que el traje de mi papá estaba desgarrado y con sangre de él y de mi perro, en cuanto llegó, nosotras nos alarmamos y rápidamente los llevamos al doctor, a mi papá lo inyectaron y a mi perro le tuvieron que dar ocho puntadas, recuerdo que por un tiempo le decíamos Franky, después de esa experiencia tan dura y tan dolorosa; aun así, mi papá no tuvo rencor contra esos perros, pero sí se volvió mas precavido, es innegable que ese día mi papá le salvó la vida a un miembro de la familia convirtiéndose en un súper héroe para nosotras, muchas veces los papás y las mamás hacen cosas extraordinarias que para nosotros los vuelven súper héroes, sin duda, dignos del título.

Muchas veces, cuando somos papás o mamás nos creemos capaces de hacer todas las actividades que nos rodean, de resolver cuanto problema se nos presenta, en todo sentido, laboral, social, emocional, educativo, hasta doméstico; y a veces está bien ser autosuficiente pero el querer ser especialista en todo, además de desgastarnos, nos puede llevar con mayor rapidez a cometer un error, y no por falta de disposición sino por que muchas cosas merecen de toda nuestra concentración y es difícil aconsejar a un hijo mientras se arregla la tubería, contesta el teléfono y prepara su presentación de mañana en la oficina; posiblemente usted se sienta absolutamente capaz de hacer las cuatro cosas al mismo tiempo, y yo no lo dudaría, porque una vez que se es papá o mamá se adquiere y se requiere una condición de súper héroe pero, ¿en verdad estaremos al cien por ciento de nuestra capacidad?, porque todas las actividades que mencioné requieren parte de esa concentración.

A medida que pasa el tiempo vamos obteniendo logros y con ellos también van llegando distintas responsabilidades y parte de seguir siendo esos maravillosos súper héroes es también aprender a ordenar prioridades, aprender a delinear nuestro círculo de influencia para que poco a poco crezca, por ejemplo, una persona no podría controlar en un día la ecología de un estado, ya no digamos del planeta tierra, pero qué pasaría si esa persona empieza por no tirar basura, por barrer su calle, cuidar que no se desperdicie el agua en su casa, posteriormente haciendo una cultura de la ecología con sus hijos y así sucesivamente, su círculo de influencia en cuanto a la ecología sin duda sería cada vez mayor. De igual manera podemos aplicar esta técnica con nuestros hijos, nuestro trabajo, nuestro hogar y todo lo que nos rodea, para que todo tenga la atención adecuada y que merece, seremos entonces como un engrane principal que hará que los demás se muevan, el saber manejar tus recursos hará que las cosas sucedan.

Algo también muy importante es saber allegarnos de las personas adecuadas que nos puedan apoyar en la realización de estas tareas, en el caso de que no se tuviesen los recursos necesarios para pagar a una persona especialista en la tarea que se requiere resolver, entonces busquemos las herramientas correctas para librar de manera eficaz el problema, una de las herramientas mas útiles que puedes usar son los libros, en ellos puedes encontrar desde la manera de ayudar a tu hijo en casos tan graves como drogadicción, anorexia, bulimia, alcoholismo o depresión, hasta como destapar una cañería; lo importante es saber buscar en el lugar correcto y no olviden que el poder más grande es su intuición, el tan comentado sexto sentido te dará justamente el sentido y el rumbo que tienen que tomar las cosas.

Los papás por naturaleza son súper héroes y su misión además de darle la vida a los hijos es salvársela, así que si tú tienes unos papás así dales la oportunidad de cumplir con su misión, teniéndoles paciencia, escuchándolos, teniendo empatía con ellos, pero sobre todo dándoles un voto de fe, pues todo consejo o acción de ellos tiene la única finalidad de cuidarnos.

Mis queridos súper héroes, mi admiración y mi respeto por su gran misión, la mas difícil y la mas bella; ser padres es una bendición y una responsabilidad y la responsabilidad mas grande es estar bien en todo sentido para seguir adelante, así que permítete de vez en cuando que alguien te ayude.

¿Bueno o malo?

Una vez que terminé la carrera, empecé a buscar trabajo. Como tú comprenderás, daba por sentado que iba a conseguir un puesto gerencial en una empresa que yo creía que me estaba esperando, con una oficina ya muy instalada. Sin embargo, conforme transcurrían las entrevistas, una detrás de otra, me fui dando cuenta de la realidad, de que corre por cuenta propia la construcción de la carrera profesional. Y uso la palabra "construir" en un sentido estricto. Una carrera profesional es como levantar un edificio: hay que comenzar desde abajo, por los cimientos, y mientras más fuertes sean, mucho mejor. Para ello, nada más recomendable que formar esta base con valores y principios para alcanzar la cima con seguridad.

He de reconocer que, en el ámbito profesional, mi discapacidad nunca ha sido considerada como un obstáculo para alcanzar mis metas, pues cuando me entrevistaba con alguien me preocupaba más la actitud de los entrevistadores que las mismas entrevistas. Entre éstas, tengo muy presentes tres. En una, que fue para un hotel, citaron como a diez personas, entre las que me encontraba yo, para llenar una solicitud y luego proceder con la entrevista. La señora mayor que entregaba las solicitudes, no pudo evitar una reacción de sorpresa cuando me entregó la hoja y, sin darme cuenta me preguntó en voz alta: "¿Por qué se quita el zapato?", pero lo comprendió de inmediato cuando vio que agarré la solicitud con el pie. Ya para entonces, las demás personas de la sala me observaban. La señora respiró profundo y agregó: "Bueno, llenen sus solicitudes. En seguida los llamaremos." Sus palabras rompieron el hechizo del silencio, descongelaron a todos los aspirantes y yo respiré francamente aliviada.

Fueron momentos de tensión extrema que crearon cierta incomodidad, pero en realidad, cuando vamos en busca de trabajo, nos exponemos a que nos examinen, ¡de todo a todo!, y en este proceso es posible descubrir las lagunas y los errores que se vienen arrastrando y que pueden eliminarse. Sólo es cuestión de ver la cara positiva del asunto, no desistir, para no retroceder en el camino de la preparación. Es indudable que la escuela ayuda a la formación intelectual, pero la peregrinación inicial que se debe seguir en la búsqueda del primer trabajo ayuda a forjar el carácter.

Otra de mis experiencias fue en una firma de abogados. La señorita que me aplicó el examen revivió su espíritu de docente, me trataba como a niña de primaria. "Te pongo el lápiz, le doy vuelta a la hoja", bueno, me quería ayudar en todo, muy amable, pero, imagínate, en su mente seguro quedó plasmada una imagen no muy favorable: "Si la contrato tendré que ayudar en todo, ¡voy a necesitar una asistente para mi asistente!"; es muy común que una persona con discapacidad despierte el sentimiento de servicio, de ayuda, lo cual es muy bello, pero hay que tener cuidado porque es como cuando tenemos niños a nuestro cargo. Desde luego que los queremos ayudar en todo, pero a veces es necesario dejarlos solos para que aprendan, intenten y poco a poco aprendan a hacer las cosas por ellos mismos. Sé que parece muy aparatoso y difícil hacer todo con los pies, como en mi caso, pero ten por seguro que las personas con discapacidad sabemos pedir ayuda sólo cuando la necesitamos.

Mi tercera experiencia fue la más sorprendente. Imagínate, llegué a la entrevista. Una señorita me empezó a atender y, después de que le platiqué mi trayectoria, se echó a llorar con mucho sentimiento. Terminó contándome sus problemas y yo me limité a darle mi punto de vista. Nos despedimos como buenas amigas y desde luego, no me dio el trabajo. Sin embargo, la vida es generosa: a veces lo que más nos duele es lo que nos ayuda a ser felices, porque gracias a que no me quedé en ninguno de estos tres lugares, pude aceptar la invitación a dar conferencias, actividad que hasta el día de hoy sigue siendo mi vida.

Te preguntarás cómo inició este sueño que ha durado ya varios años, esta aventura, la más grande e increíble para mí: ser parte del maravilloso mundo de conferencistas e instructores. Primero te haré una pregunta: ¿Crees en las *diosidencias*? Sí, así como lo lees: diosidencias. Alguna vez alguien me enseñó este término que se refiere a las coincidencias increíbles, que parecieran de fábula por la cascada de beneficios que traen consigo y por lo que resulta imposible no creer que la mano de Dios está detrás de ellas. Éstas son las diosidencias.

Resulta que hace alrededor de cinco años, conocí a Maricruz, una psicóloga con quien después de platicar un rato hice amistad. Una semana después me llamó Víctor Villalpando, su cuñado. Se comunicó un sábado a las siete de la madrugada, me dijo que Maricruz le había platicado de mí y "como ya se acerca la Navidad, creo que sería muy emotivo que compartieras tu experiencia de vida en una charla absolutamente informal, con mis compañeros de trabajo de Bancomer en Toluca. Nosotros nos encargaríamos de tu traslado y de todo lo necesario para que vengas", como me encanta hablar y hablar, acepté encantada, sin importar que la voz del teléfono era la de un completo desconocido, que la conferencia sería hasta Toluca, que nunca antes había dado una conferencia y nunca me había pasado por la cabeza la idea de hacerlo.

Finalmente, llegó el gran día. Elo, como siempre, cómplice de todas mis aventuras, aceptó acompañarme, pues yo no conocía a nadie. Maricruz pasó por nosotras y nos invitó amablemente a comer a su casa. Después de la comida fuimos al banco y ni en mis mejores sueños me imaginé lo que allí ocurrió. Entramos en una sala de juntas con una mesa parecida a la de los caballeros de la mesa redonda, y en ese momento me enteré que Víctor Villalpando era nada más y nada menos que el subdirector de esa sucursal de Bancomer. Leyó mi currículum: "Adriana Macías, pasante de la carrera de Derecho.

Actualmente cumple con su servicio social en el Tribunal Fiscal de la Federación y la he invitado el día de hoy para que nos dé una conferencia." Entonces tenía veintiún años, mientras que los gerentes y ejecutivos del banco oscilaban entre los treinta y cuarenta años, si no es que más.

Después de escuchar mi currículum, los asistentes pusieron cara de: "¿Qué nos va a enseñar a nosotros esta señorita, por no decir chava?" Cuando me senté, subí los pies en la mesa. Hubo un desconcierto generalizado y empezaron a escucharme con toda atención. Nunca había visto un cambio de actitud corporal tan marcado. Era de no creerse la forma tan positiva en que reaccionaron estas personas. Sobra decir lo feliz que me sentí después de esta conferencia, era mi tema de conversación con todo el que se me atravesaba, así que en cuanto vi a mi asesor de tesis, le compartí la experiencia y me comentó: "Estaría muy bien que platicaras con mis alumnos para que los motivaras. Además, podrían ayudarte a responder las encuestas que hiciste para las estadísticas de tu tesis." No me dijo dos veces cuando ya estaba en su salón dispuesta a dar mi segunda conferencia, a la que asistió también el gerente de recursos humanos de la propia UNITEC y, después de escucharme, me invitó a participar en una "junta de intercambio". Está por demás decir que acepté feliz. Ni siquiera sabía que era eso, pero acepté. El día de la charla me enteré de lo que se trataba, de una junta a la que asistían los gerentes de recursos humanos de distintas empresas. Después de esta experiencia, empecé a recibir diversas invitaciones de los hoteles Holiday Inn. Fui a dos sucursales y en la segunda eran ya cuatrocientas personas que esperaban escucharme. A pesar de que pude controlar mis nervios, al terminar me pregunté si había estado bien lo que les había dicho, si mi forma de desenvolverme había sido la más adecuada.

Compartí con mi mamá estas dudas y me aconsejó hablarle a José Luis, un amigo muy querido de la familia que le había dado al-

gunos cursos en Telmex: "Vamos a ver si te puede orientar." Poco
después le platiqué a José Luis todas mis experiencias. "Bueno", dijo,
"te aconsejo tomar un curso de oratoria", y me dio los datos de un
instituto que daba este tipo de cursos. "Es más", prosiguió, "para ver
cómo das tus conferencias, te invito a que te eches un palomazo en
una conferencia que daré en Ciudad Sahagún."

Siguiendo su consejo, empecé el curso de oratoria, pero el lunes
siguiente, a las seis de la mañana, ya me esperaba José Luis para cumplir con el famoso palomazo. Esa fue mi primera mini conferencia
en Telmex. Tocó a Carlos, coordinador de la Fundación Bienestar
Social de esta empresa presentarme y, después, proponerme una conferencia en Pachuca. Por supuesto que acepté y muy poco después ya
estaba hablando en la Universidad de Pachuca. ¡Qué auditorio más
bello, tan lleno de historias, con una larga lista de conciertos y pre-
miaciones allí celebradas y ahora tocaba mi turno! El escenario era
todo mío, un lugar que, nunca imaginé, marcaría el inicio formal de
esta hermosa vida. Ahora lo sé, pero en aquel entonces creí que esa
conferencia, en la que había cerca de quinientas personas, era sólo
una celebración especial, una ocasión única que no se repetiría. Hoy,
el escenario es mi refugio, mi fortaleza, mi debilidad, una ventana
a la esperanza y, lo más importante: el lugar donde mis sueños se
hacen realidad.

En esa conferencia de Pachuca conocí a Judith, una contadora
que trabajaba en la Fundación Bienestar Social de Telmex y me invitó a una reunión en Chimalistac, en el sur de la ciudad de México, a
la que asistirían algunos coordinadores de dicha fundación. Como se
trataba de Telmex, le pedí a mi amigo José Luis que me acompañara,
y Judith le pidió que me presentara. No recuerdo con exactitud todo
lo que dijo, sólo una frase que estremeció a los presentes y que, por
supuesto, no se me olvida: "Adriana, alguien que se encuentra muy
cercana a ustedes, pues sus papás son telefonistas." Esta frase me

sirvió después en muchas otras conferencias que di en el Distrito Federal con la fundación mencionada y con ASUME, otra organización también de Telmex. Y desde entonces, no he podido concebir esta fascinante aventura como un trabajo. Simplemente, es mi vida. Los maestros que lean estas palabras saben que no miento: después de una conferencia se queda en deuda con el público. Pareciera que el conferencista es quien va a dar algo, cuando en realidad se recibe el doble o más, porque de allí se sale con el reconocimiento, cariño y el afecto de los asistentes.

A pesar de estas experiencias tan enriquecedoras, yo no quitaba el dedo del renglón: seguía buscando trabajo. Tomaba entonces el curso de oratoria donde me abría camino muy rápido. Pronto, los instructores descubrieron en mi una posibilidad y yo también en ellos. Les comenté de la especialidad en Recursos Humanos que por esos años estaba por terminar también en la Universidad Tecnológica de México. Y ellos, en la búsqueda de su crecimiento, me compartieron la inquietud de tener un instituto más organizado, de elaborar manuales y organigramas. De inmediato les ofrecí mis servicios y me integraron a su grupo de trabajo. Me recibieron en medio de muchos festejos, ya que mi ingreso coincidió con las fiestas de aniversario de este joven instituto. De entrada me regalaron una taza con mi nombre y el de la institución, y un paquete de tarjetas de presentación donde aparecía como gerente de Recursos Humanos. No lo podía creer, en verdad estaba impactada, muy agradecida. Me presenté los dos fines de semana siguientes, de ocho de la mañana a las seis de la tarde. Durante esos cuatro días me pidieron que les explicara a grandes rasgos cómo elaboraría los manuales, el organigrama y demás detalles que hacían falta. Les expliqué paso a paso lo que tendrían que hacer. Claro, quería lucirme en mi primer trabajo; quería que se dieran cuenta de todo lo que sabía, de lo organizada que era. El siguiente fin de semana acompañé a los instructores a algunos cursos y hasta allí llegaron mis funciones, pero el lunes, uno de los instructores, no precisamente el que me contrató, ni con el que yo tenía más trato, me dijo: "Mira, por cuestiones internas, hemos acordado que por el momento tus servicios no son necesarios. Muchas gracias." ¡Me quedé con los ojos cuadrados! Me dolió mucho que la persona con quien en un principio había tratado estas cuestiones, no hubiera querido darme la cara y, curiosamente, en la última junta él mencionó algo muy importante, que no se me olvida, pues he de reconocer que tenía razón: "Es de lo que enseñamos de lo que más tenemos que aprender." Y como a mí no me gusta quedarme con nada, le escribí una carta donde le expresé todo mi sentir, no por su falta de valor para hablar conmigo, sino por no aplicar esa frase tan sabia. Le regresé su taza y sus tarjetas de presentación. No tengo idea de lo que habrá dicho o pensado, pero, sin duda, de ahora en adelante tratará de responsabilizarse de las consecuencias de sus decisiones.

Fue así como terminó mi experiencia de trabajo en oficinas, una trayectoria corta, pero sustanciosa y, de la cual aprendí varias cosas: que las personas pueden decepcionarte porque uno se forma expectativas muy elevadas de ellas y la realidad es muy distinta. Experiencias como ésta pueden hacernos más fuertes, más precavidos, más cuidadosos para no crearnos expectativas falsas de gente que en realidad no conocemos. No conviene tomarse estos "fracasos" como agresiones personales, ya que así es la vida. Hay que seguirse preparando en todos los sentidos para que cuando nuevamente se presente otra oportunidad, podamos distinguir y equilibrar; percibir cuándo alguien va a cumplir con lo que está prometiendo para que nunca desaparezca en nosotros la capacidad de dar. Aquí no valen las excusas de experiencias anteriores que cierran nuestros corazones, y con ello la inmensa capacidad de amar. Si esto es así, lo más probable es que el mundo también se cierre, nos niegue esa bellísima capacidad de dar.

No mucho después de mi paso fugaz por ese instituto, me habló un señor de nombre Sergio. Me comentó que se había enterado de mí o más bien de mi tesis, por un amigo y que estaba muy interesado en que emprendiéramos un proyecto juntos, ya que él también era una persona con discapacidad, tenía distrofia muscular. Llegó el día en que nos conocimos y quedé encantada, muy feliz. De inmediato pensé: "Si él me va ayudar, lo mejor sería que yo también lo ayudara a él." Pudimos haber sido el dúo perfecto para hacer algo relacionado con la discapacidad. En medio de reuniones y nuevos amigos, levantamos muchos castillos en el aire, muchos planes, entre los que di algunas conferencias de manera altruista con el fin de que sirvieran de plataforma para arrancar nuestro proyecto.

Sergio siempre me comentó que tenía fuertes problemas con su familia porque estaban cansados de atenderlo, pero que un amigo que en ese entonces era el Secretario de Seguridad, nos daría trabajo, que desde allí podríamos empezar a dar forma a nuestros sueños. Un día me habló para decirme: "Por fin vamos a firmar nuestro contrato. Te espero en el Centro Histórico a las diez de la mañana." Y ahí estaba, esperando, muy contenta, desde el cuarto para las diez. Como no llegó a las once, le llamé preocupada para saber si estaba bien. "¡Por supuesto! Todo va bien, espérame allí, en un rato más llegaré. Voy en una camioneta blanca que me van a prestar." Lo seguí esperando hasta la una de la tarde y le volví a hablar y una vez más me aseguró que llegaría "en unos minutitos más." ¿Qué hice? Pues esperarlo todavía más, hasta que a las dos y media me habló para decirme: "No llegaré, después hablamos." Claro que me enojé. Más adelante nos volvimos a reunir y me dio una explicación confusa, esta vez con la promesa de que ahora sí, la próxima reunión sería la efectiva. Trataba de comprenderlo, tal vez sin darme cuenta de que me engañaba por la desesperación que sentía al no ver nuestro proyecto cumplido.

En varias ocasiones me dejó esperándolo, a veces sola, a veces con un arquitecto y un abogado que, según esto, formarían parte del equipo. Y siempre con la misma promesa: la próxima será la vencida, pero esa ocasión nunca llegó y Sergio se empezó a enfermar seguido de gripe, la cual se agravó debido a la distrofia muscular, según él mismo me explicó. Desgraciadamente, esta gripe se convirtió en una neumonía y tuvo que internarse en un hospital. Poco después me hablaron del hospital y, como siempre que se le ofrecía algo le pedía a alguien que me hablara, pensé: "¿Ahora qué se le habrá ocurrido allí encerrado?", cuando en realidad la llamada era para avisarme que Sergio había muerto. Sentí que la sangre se me helaba y que la mente se me ponía en blanco. Nunca antes había muerto un amigo y fue muy triste la experiencia del velorio. Sin embargo, lo más terrible era sentir el hueco que dejaba un amigo, era constatar que con él se morían también mis planes.

Pronto se fue una semana. Por esos días recibí una llamada del arquitecto y del abogado que también formarían parte del equipo de trabajo. Me comentaron que me correspondía a mí seguir con el proyecto porque había sido la más cercana a Sergio. Y en ese momento creí que en verdad podía lograrlo, así que me llené de valor para ir a las oficinas donde alguna vez me citó. Llegué sin saber qué decir. Me acerqué a la secretaria de la persona que supuestamente nos ayudaría y le expliqué de qué se trataba. Esta persona no pudo atenderme, pero la secretaria prometió que la iba a poner al tanto. A los dos días recibí su llamada. Me sentí muy contenta, ¡era la secretaria! De seguro me daría buenas noticias, pero me explicó titubeando y muy apenada que, efectivamente, Sergio había estado allí, que había platicado con esta persona, la cual nunca le había prometido ningún proyecto. Que Sergio había hablado de sus planes, pero que nunca llegaron a nada en concreto. Muy triste, le di las gracias y me despedí.

Así concluyó un intento más en mi búsqueda de trabajo y a pesar de los pesares, creo que por ningún motivo deberíamos sufrir por los sueños fallidos de otras personas. A veces nos apropiamos de los desatinos de otros y empezamos a creer que nosotros no valemos, nos devaluamos, nos cortamos las alas, nos cerramos todo proyecto futuro, eclipsamos al sol. Así que, querido lector, deja pasar esa luna. Las malas personas destruyen nuestros sueños hasta donde nosotros lo permitimos. Que tu corazón se acuerde que nada puede tapar por siempre el brillo del sol.

CÓMPLICES DEL MISMO SUEÑO

Una buena tarde, recibí la llamada de mi amigo José Luis. Me invitaba a un proyecto que estaban preparando para la reunión nacional de Telmex, un evento que se realizaba cada cuatro años y al que asistían los directores de cada división, los secretarios generales y los coordinadores de la Fundación Bienestar Social de todo el país. Ciertamente, se trataba de algo muy emocionante para mí, pues era mi primera conferencia en Cuernavaca. Por fortuna, mi mamá pudo acompañarme, lo que representó un gran apoyo. Además, era la primera vez que mi mamá escucharía una de mis conferencias.

El día y la hora de la reunión finalmente llegaron. José Luis, quien por segunda vez me presentaría, fue por mí a la habitación. La caminata hasta el salón del evento resultó algo larga en más de un sentido: juntos habíamos enfrentado varios retos para llegar hasta ese momento. Por fin di mi conferencia, una de las más concurridas. Entre los conferencistas conocí al que desde ese día sería uno de mis ángeles, y que precisamente se llama Ángel. En aquel entonces, Ángel era Director de la división Occidente en Telmex, un ser humano a quien respeto, admiro y le tengo un gran cariño, y cuya amistad fue creciendo desde aquellos tiempos en que tuve la fortuna de trabajar muy cerca de él en mis conferencias. Ese día platicó la fenomenal y bella historia de cómo un recién nacido había salvado la vida a su hermano gemelo que había nacido muy débil. Los médicos no daban esperanzas de vida a ese bebé, al que, para darle el debido cuidado, habían separado de su hermano. Sin embargo, una enfermera los puso en una misma cuna. El conferencista mostró entonces una fotografía de los gemelos abrazados, un abrazo que, a través de la calidez y el contacto humano, fortaleció al hermano débil y lo ayudó a recuperarse.

Nunca imaginé que el ángel que narraba esta historia se encontraría después en una situación parecida, ya que a los pocos días una llamada de él me ayudaría a salir de uno de los momentos más difíciles de mi vida. Y aunque en varias ocasiones le he expresado mi gratitud, cuando lea este libro se enterará muy bien de los alcances de su ayuda.

Meses después recibí la invitación por parte de la Fundación Bienestar Social para participar en el proyecto de la ruta Telmex, que arrancó en la División Occidente, dirigida precisamente por Ángel. Me solicitaron dar una conferencia en la mañana y otra en la tarde, cubriendo una ciudad por día. Parecía una labor exhaustiva, pero el trato, las atenciones y las comodidades que me brindaron todas las personas que conocí en este recorrido, hicieron de estas jornadas el mejor lugar de descanso. Es curioso cómo el ajetreo emocional y físico pueden llegar a convertirse en una enorme paz emocional. Son momentos en los que se descubren los increíbles contrastes de la vida. Cada día que convivía con Ángel, aprendía lo importante que es preocuparse, pero, sobre todo, ocuparse en las aspiraciones y deseos de quienes nos rodean, ya que es una vía para cumplir con la misión propia en la vida. La manera en que Ángel trataba a la gente que se le acercaba fue para mí una gran lección. Bajo esta actitud que ahora también adopto, descubrí una forma de curar las heridas ocasionadas por otras personas —esta gira fue unos meses después de aquel engañoso proyecto de discapacidad—, así como el deseo sincero de perdonar y olvidar cualquier rencor que pudiera albergar mi corazón.

¡Gracias! a todos esos ángeles que con un abrazo y con su ejemplo de lucha constante tienen el don de sanar las heridas y las decepciones del alma, salvando con ello muchas vidas. Hay personas que nos salvan la vida, ayudándonos a desvanecer las amarguras, devolviéndonos el ánimo para seguir adelante. Le pido a Dios que tengamos la oportunidad de estar lo suficientemente preparados y perceptivos para que, llegado el momento, seamos capaces de salvar la vida de alguien más.

Ángel y yo hemos compartido varios proyectos. Me ha invitado a ayudar a otras personas. Poca es la gente que te integra en tan maravillosa experiencia, pues ayudando fortalecemos y enriquecemos nuestra vida y la de alguien más. Cada vez que él confía en mí para tan significativa labor, me ayuda eliminar miedos e inseguridades. Más que resolvernos un problema, es muy importante que los papás o los amigos nos den su voto de confianza; en ello se encuentra la llave de la confianza personal, de la valentía necesaria para realizarnos en todos los aspectos. Cuando creemos en alguien, lo ayudamos a ser una persona íntegra, dispuesta a comprometerse, factores indispensables para alcanzar una vida plena.

Una muestra de fe y esperanza

No cabe duda que, a pesar de la erosión que ocasiona la rutina, cada día nos ofrece algo distinto, desde un detalle, un matiz, hasta un acontecimiento insólito que guardamos en nuestro calendario emocional. Tal es el caso del día que te describiré y del cual todavía conservo una imagen viva.

Un día, al regreso de uno de los tantos paseos cotidianos, mi novio de aquel entonces, me soltó a quemarropa un "yo creo que es mejor terminar la relación." Yo no podía creer que ese hombre, con el que ya había planeado una vida entera, empezando por una boda llena de flores con la que sueña casi toda mujer, me dijera, sin motivo alguno, esas palabras que a nadie le gustaría escuchar del ser al que más se ama; palabras como: "Ya no te quiero." Mi reacción inevitable fue un: "¿Qué? Pero, ¿cómo? ¿En qué fallé?" Sentí que me desvanecía en medio de todas mis dudas, que se quedaron sin aclarar, mi llanto se adelantó a las respuestas. En esta confusión, sólo recuerdo que él se despidió con un: "Adiós, ya no quiero hablar del tema." Entré a mi casa corriendo y de inmediato subí a mi recámara. Bajo el cobijo de un abrazo, mi hermana Elo y mi mamá, como siempre, buscaron consolarme y me ayudaron a encontrar respuesta a todas esas preguntas que surgen cuando alguien termina una relación.

Después de una noche de desconcierto y tristeza, a las seis cincuenta de la mañana tomé un avión rumbo a Tijuana. Mi mamá me acompañaba en ese viaje. Fue justo el lunes 11 de septiembre de 2001, esa fecha terrible y muy recordada debido al ataque a las torres gemelas del World Trade Center de Nueva York. "¿Cómo es posible —me preguntaba a raíz de este trágico suceso— que la tecnología y la cultura, puedan usarse para generar tanta destrucción?" El caso es que todavía me recuerdo llorando en el avión, sin saber qué ruta tomaría mi vida. En ese vuelo, para mí interminable, sólo surgían preguntas, una tras otra sin parar.

Ya en el aeropuerto, me reuní con el joven encargado de llevarme al hotel. Estaba por subirme a la camioneta, cuando de pronto recuerdo haber visto un autobús con destino a Los Ángeles, California. Mi primer impulso fue preguntar a qué distancia se encontraba esa ciudad. Creo que "sin querer queriendo" pensé en huir allí para, efectivamente, preguntarle a los ángeles por qué estaba viviendo yo esta ruptura amorosa. Envuelta sólo en mis pensamientos, alcancé a oír que el joven contestaba que se hacían dos horas, pero que no estaban dejando pasar. Su respuesta me sacó de mis pensamientos y le pregunté extrañada por qué. Sorprendido me respondió que la frontera estaba cerrada por lo de los aviones que se habían estrellado en las torres gemelas de Nueva York. No podía creer que mi mente se hubiera puesto en blanco, que mi dolor hubiera sacado de mi escenario este hecho, también doloroso. En ese momento recibimos una llamada de mi hermana. Estaba muy preocupada por nosotras, ya que se habían desviado todos los vuelos hacia las fronteras más cercanas, entre ellas, la de Tijuana.

Por fin llegamos al hotel y, en efecto, en un televisor que había en la recepción, corroboramos ese infortunado acontecimiento, a través de imágenes que más bien parecían de una película de cienciaficción. Y una vez estando en mi habitación, no pude más. Volví a romper en llanto. No podía creer lo que sucedía en el mundo, con mi mundo, cuando todo parecía andar sobre ruedas. De un momento a otro, la destrucción se había instalado fuera y dentro de mi corazón, pero no hubo mucho tiempo para lamentos. Poco después, la coordinadora del ciclo de conferencias que iba a dar me llamó para confirmar que el evento se llevaría a cabo, a pesar de que se corría el riesgo de contar con pocos asistentes.

Llegó la hora del evento. Estaba parada en la parte trasera del escenario y desde allí, empecé a ver cómo poco a poco se llenaba el auditorio. Quince minutos después de la hora fijada, se había llenado por completo. Me avisaron que íbamos a comenzar. Yo seguía atrás del escenario y mientras escuchaba la presentación, mi ruptura amorosa y la tristeza que sentía resonaban como un eco en mi cabeza. Sin embargo, algo cortó de tajo esos pensamientos, al ver a la gente atenta, en espera de que saliera. Fue un momento difícil porque nunca me ha gustado aparentar algo que no siento ni fingir estados de ánimo, pero allí estaba, frente a lo que era mi trabajo, mi sueño. Y recurriendo a las reservas de mi fuerza, me pregunté: "¿Por qué voy a echar por la borda el sueño por el que tanto he luchado? ¿Por qué habría de deshacerlo, sobre todo, por alguien que no me ama?" Es increíble cómo este tipo de preguntas puede fortalecernos en un momento de decisión tan apremiante. Así que respiré profundo y caminé hasta mi lugar y justo allí parada, ante tanta gente, reflexioné: "Sin duda, las personas esperan escuchar algo que los anime en un momento como éste." Dios tiene formas caprichosas de mostrarnos el camino. Las muestras de fe y esperanza que esta gente me había demostrado con su presencia, llenaron de fuerza mi corazón. Comprendí que este magnífico público me había regalado una gran lección que me ayudaría a superar no sólo ese momento crucial, sino otros más en mi vida. Tocaba ahora mi turno para demostrar lo que había descubierto al verlos allí presentes, por lo que eché mano de mi mejor sonrisa para hacer lo que más me gusta: compartir.

Al día siguiente, la mañana en Tijuana había amanecido nublada, acompañando así a esa melancolía que se siente al terminar una relación. Una llamada de mi amigo Ángel me animó para dar la siguiente conferencia. Creo que ése fue uno de los momentos en los que nuestra amistad se reforzó aún más, pues la confianza mutua se hizo cada vez más sólida. Para mí era muy valioso que una persona tan preparada como él, tan importante, desviara el curso de su tiempo para dedicarme unos instantes de su vida, para confortarme, para darme un consejo, porque yo sabía que él tenía que resolver asuntos más relevantes, de mayor urgencia por el puesto que desempeñaba. En ese momento fue para mí, un ejemplo de la misión de ser líder, de un verdadero líder que está siempre al tanto de los problemas de su empresa y que por lo mismo, se interesa en los problemas de la gente que trabaja con él. Para mí, su llamada fue una muestra de una enorme calidad humana, necesaria para cumplir con la misión que nos ha asignado la vida.

Con la claridad que me ha dado el paso del tiempo, soy ahora capaz de aquilatar la inmensa carga de enseñanza que me regaló la experiencia de la ruptura amorosa, ahora puedo ver, después de todo lo que he vivido, la inmensidad de las acciones y el alcance de las palabras. Durante la tempestad, pocas veces se percibe el brillo del sol y la paz del cielo. Ésta se encuentra sólo en el corazón. Sin embargo, cuando se viven momentos que parecen no tener una solución, es fácil distraerse en la tristeza que nos impide apreciar que lo que hoy causa dolor, mañana será una lección de vida, una lección que siempre apunta hacia un infinito crecimiento espiritual.

HE APRENDIDO

Estando todavía en Tijuana, en medio de una cena, sonó mi celular, era él, mi novio o, ¿debía decir mi ex novio? Contesté muy nerviosa, pues no sabía lo que me esperaba del otro lado del teléfono. Recibí un saludo tan frío que pronto cubrió el celular de escarcha. Durante las dos semanas de conferencias en Tijuana, todas las noches recibí una llamada de él, en la que no había ninguna explicación, simplemente un saludo. Estaba confundida: si ya no me quería, ¿por qué me hablaba? Y si me quería, ¿por qué no me lo decía? ¿Acaso llamaba por lástima? Sin embargo, ¿cómo era posible que alguien que me conocía desde hacía tres años sintiera ahora lástima por mí? Lo que menos quería era despertar ese sentimiento, sobre todo, porque había demostrado que sabía luchar por la vida. Mi viaje a Tijuana, me dejó ver una fuerza que ni yo misma sabía que guardaba. Lo más fácil hubiera sido tirarme a la tristeza o no cumplir con el compromiso del trabajo, pero entonces descubrí que la única manera de encontrar nuestras fortalezas radica en enfrentar nuestras debilidades.

Una noche antes de volar a México, mi ex novio me habló para preguntarme a qué hora llegaba, pues quería ir por mí al aeropuerto. Por más que insistí en que no era necesario, él se puso de acuerdo con mi papá para recogerme. Mi vuelo salía a las seis cincuenta de la mañana. Me levanté al cuarto para las cuatro para bañarme y arreglarme como si fuera a dar una conferencia. Ya en México, bajé del avión, y respiré profundo. Mi corazón latía a mil por hora. Allí estaba él junto a Elo, listo para recibirme con un regalo. Abracé a mi papá, a Elo y después a él. Fue el abrazo más triste y confundido que he dado en mi vida. No hablé más que de cosas triviales del viaje, como el vuelo y el clima. Llegamos a casa y durante la comida empezamos a planear qué haríamos ese fin de semana para aprovecharlo al máximo juntos, ya que nos esperaban otros quince días de conferencias fuera del Distrito Federal. Percibí que Elo tenía una extraña urgencia de irse a cortar el pelo y quería que mi mamá la acompañara.

Terminamos de comer y destapé el regalo que él me había dado. ¡Qué extraño regalo!, eran unas sandalias. Sonreí y le di las gracias. De pronto Elo insistió otra vez en irse a cortar el pelo y mi papá le dijo que la acompañaría. Me pareció muy extraño porque mi papá nunca antes se había interesado en que nos arregláramos el pelo y mucho menos en acompañarnos. Finalmente mis papás acompañaron a Elo y me quedé con mi… No sabía cómo llamarlo pues no quedaba claro si éramos novios o amigos o qué. A los quince minutos lo supe. Bajó el volumen del televisor y me preguntó: "¿Puedo hablar contigo?" ¡No!, ya sabía lo que iba a decir o al menos eso pensé. Yo sólo esperaba otro ya no te quiero o un creo que es mejor terminar. Tal vez así hubiera sido menos doloroso, pero sus palabras fueron otras: "Me he dado cuenta de que tú no eres la mujer para mí y tal vez no sea yo el hombre para ti. Lo he pensado bien y no estoy preparado para compartir mi vida con alguien como tú. ¿Qué tal si algún día necesito que me planches una camisa de emergencia o si se me antoja algún guisado? Tú no podrías hacer nada de esto y tampoco quiero un hijo como tú."

Después de escuchar estos argumentos, quizá la pregunta obvia sea: "Y bueno, ¿qué hiciste, Adriana?" Mis amigos me decían: "Seguramente te enojaste y con razón, le dijiste dos que tres verdades." La verdad es que en esos momentos no tenía ni ganas de enojarme, así que sólo me despedí, no sin antes pedirle que se llevara las sandalias. "¿Por qué? En verdad quiero dártelas." Le dije que no necesitaba unos zapatos para recordarlo a cada paso. Tomó la caja y se fue.

Sinceramente, me sentí muy triste, pero no tanto por la ruptura, pues ya me había estado preparando, sino por los motivos que me dio. No podía creer que alguien que convivió conmigo las veinticuatro horas del día durante tres años, apenas se diera cuenta que le sería difícil vivir con una persona como yo, a la que se le dificultaría sortear problemas cotidianos, por no hablar de tener un hijo también con discapacidad. Es insólito: uno cree conocer a la gente cuando en realidad es poco lo que se conoce de ella. El hombre que un día prometió amarme, protegerme y unirse a mi lucha, ahora estaba en el lado opuesto de la acera, ahora era una de esas personas que no confiaba en la gente con discapacidad para formar una familia.

A estas alturas de la narración, tal vez te preguntes qué ocurrió con el corte de pelo de Elo, y porqué hice tanto hincapié en eso. Bueno, pues en cuanto regresó mi familia les platiqué lo que ya era de alguna manera sabido y, ¡nos aventamos como dos horas de melodrama! Ya sabes que las mujeres hacemos todo un escándalo de los asuntos amorosos. Mi papá nada más nos observaba, callado. Una vez que nos calmamos, Elo le dijo a mi mamá que tenía la urgencia de cortarse el pelo porque al día siguiente la internarían en el hospital. La noticia nos tomó por sorpresa. Un año atrás, Elo había tenido una infección tan fuerte en el oído derecho, que requirió una operación. Ahora, el oído izquierdo se había enfermado y también había que operarlo. Nuevamente nos arrancamos con la "lloradera" y los comentarios: "Por qué no nos avisaron antes, hubiéramos podido cambiar la fecha de las próximas conferencias para acompañarte en el hospital." Elo sólo dijo que no nos había querido preocupar, que todo iba a salir muy bien. Así concluyó uno de los días más largos de mi vida en ese mes de septiembre de 2001, así como la relación más formal que había tenido.

Al día siguiente, mis papás se levantaron muy temprano para acompañar a Elo al hospital, así que me dispuse a vivir mi momento de duelo. Qué difícil es dejar de querer a alguien de una día para otro. Yo creí que iba a ser muy fácil olvidar esta relación, sobre todo, por todo lo que me dijo, pero había muchas cosas que no lograba entender. En ese momento y para mi gran sorpresa, llegó mi papá a la casa. Lo saludé con gusto y desconcierto. Me dijo que sólo había ido a dejar a mi mamá y a Elo, y que mejor prefirió regresarse para hacerme compañía. Me sentía algo extraña, porque es más común compartir los asuntos del corazón con la mamá, los amigos o los hermanos, pero ¿con el papá? Pues déjame decirte que compartir esos momentos con mi papá, y el gran abrazo que me regaló, me hicieron comprender que es verdad aquello de que: en la vida no es suficiente sobrevivir; la vida se tiene para vivirla y aceptar los buenos momentos con su dosis de malestar, y los malos momentos con su dosis de bienestar. Esto es lo maravilloso de la vida y eso es lo que nos permite descubrir un inagotable manantial de fuerza en las situaciones duras.

Quizá sea ésta la parte más importante de este libro y la razón que me llevó a escribirlo: el deseo de compartir. Por eso te invito a compartir con tus padres o tus hijos esos momentos del alma en los que más necesitamos apoyo, comprensión y, sobre todo, un amor que se materialice bajo la forma de acciones, un amor que se traduzca en una valiosa cercanía. Si tú, papá o mamá, estás interesado en mantener una relación estrecha con tus hijos, una relación fundada en la confianza, tendrías que preguntarte qué compartes con tu hijo, si le cuentas tus problemas, tu forma de ver el mundo, de sentirlo. No busques o esperes una solución. Cuando compartes algo muy tuyo, es más que suficiente contar con un par de oídos que te escuchen. Esto nos da un invaluable apoyo. Muchas veces los papás se cierran ante los problemas de los hijos. "¿Problemas, tú? Para Problemas los míos, esos sí que son problemas. Por el momento, tú única obligación es estudiar y ni siquiera eso haces bien." Atentos, papás, porque todos tenemos siempre algo qué contar, algo que en un momento de desesperación nos confunde, y de lo que sólo alguien que nos escuche nos puede ayudar a superar.

¿Sabes? Ahora recuerdo que un día, al entrar a un restaurante con mis papás, iba por delante. Me apresuré a empujar la enorme puerta que parecía muy pesada y me sorprendí mucho, porque en realidad era muy ligera y porque los vidrios me regalaron el reflejo de mi mamá que venía detrás de mí. Sonreí y pensé que así son los papás, siempre detrás de nosotros para ayudarnos a abrir puertas. A veces no están físicamente presentes, pero si miras bien, siempre los encontrarás en algún reflejo.

¿Nos casamos?

Si te gustan los cuentos de hadas, de seguro soñarás con casarte, tener hijos y buscar la felicidad para siempre. Confieso que éste también fue mi sueño, pero nunca imaginé que la pregunta, "¿Nos casamos?", pudiera ser tan dolorosa, después de la ruptura que tuve con mi novio.

Poco después de este suceso, ya me había recuperado sentimentalmente y mi vida había tomado nuevamente su curso. Había hecho nuevos amigos, todos muy interesantes y, por esas fechas, empezaban los preparativos para un congreso de discapacidad que se venía realizando cada dos años. Me invitaron a integrarme al comité organizador, así como a conducirlo y a dar conferencias. Como ya te imaginarás, tenía todo mi tiempo ocupado, me sentía realmente feliz y realizada. Pronto llegó la fecha del evento; todo salió muy bien. Algunos de los noticieros encargados de cubrir el congreso me invitaron a formar parte de unos reportajes televisivos, toda una experiencia de la cual todavía guardo muy buen recuerdo.

En medio de esta época de celebraciones y festejos recibí una llamada de mi ex novio. Me comentó que me había visto en los reportajes y que tenía ganas de que nos reuniéramos, aunque yo sentí que ya era demasiado tarde para un reencuentro. Veinte días después celebraría mi cumpleaños y justo ese día mi ex llegó sorpresivamente a mi casa acompañado de una serenata con mariachis. Dos de nuestros más queridos amigos lo acompañaban. En realidad no me la esperaba, estaba desorientada, confundida. De pronto él sacó una pancarta que textualmente decía: "Perdóname, cásate conmigo."

Resulta increíble cómo un momento tantas veces esperado, idealizado como uno de los más felices de la vida, terminara opacado de tristeza y decepción. En mi mente se agolparon todas las razones que meses atrás él había esgrimido para terminar la relación. Entre todas ellas, sólo una persistía en mis pensamientos: la de mi discapacidad. Y así, mientras la música sonaba y yo trataba de mantener la sonrisa, me preguntaba: "¿Qué me asegura que mi discapacidad no volverá a ser motivo de separación?" También recordaba los comentarios desinteresados que en forma de halago me prodigaban mis conocidos y amigas: "¡Qué afortunada eres de que alguien se quiera casar contigo con todo y tu discapacidad!." Sin embargo, ciertas dudas no me dejaban: "¿Acaso tendría que casarme con un hombre que acepte mi discapacidad, aunque en verdad no lo ame? ¿Estaba siendo injusta al no agradecer que alguien me amara a pesar de mi discapacidad?" La noche se terminaba y yo aún no podía tomar una decisión. Mi mente no me daba una razón, una respuesta que me ayudara a decidir, aunque en todo momento mi corazón me decía que *no*, que no tenía que aceptar a alguien por el miedo a vivir sola y mucho menos porque me sintiera agradecida de que me aceptara con mi discapacidad. Ninguna de estas razones resultaban suficientes para aceptar una propuesta tan bella como la de compartir mi vida con otro ser humano. Sé que a veces es duro estar solo, pero es más importante aún pensar bien con quién quieres compartir tu vida, pues si la causa que te orilla a estar con alguien no obedece a los dictados de tu corazón, sólo lograrás que ambas partes salgan lastimadas. Por muy dolorosa que suene, una negativa a tiempo será mejor que toda una eternidad de sentimientos falsos.

La serenata tocó su fin y, a pesar de que nuestros amigos gritaban emocionados: "¡No se ha escuchado el sí!", me limitaba a sonreír. El ambiente empezó a tensarse, así que las personas se fueron despidiendo, desconcertadas por que me quedé sin respuesta. Cuando se acercó para despedirse, de nuevo me preguntó que si me quería casar con él. Pero yo sólo me despedí y le dije ya no era el momento de hacerme esa pregunta. Me dijo que nunca era tarde para recapacitar, que tenía toda la noche para pensarlo y darle al día siguiente una respuesta o que simplemente nos reuniéramos a platicar con más calma. Asentí con la cabeza, pero no con el corazón. Por eso, esa reunión nunca llegó.

Independientemente de su aspecto físico o de tener o no una discapacidad, todas las personas merecen ser amadas y respetadas por el valor de lo que guardan en su corazón, por su disposición de amar sin condiciones. Por tanto, querer o aceptar compartir la vida con alguien más no debe vivirse ni como un favor ni por resignación o miedo a quedarnos solos. Esta decisión debe surgir de la plena convicción de amar, del amor que siente uno por el otro, toda vez que en los momentos difíciles, los errores y las tristezas no se harán esperar. Si amas de verdad al ser que está a tu lado, resultará más sencillo hacer frente a estos momentos, pues la fuerza del amor es el motor que siempre nos impulsará a seguir adelante.

Tras la ruptura de una relación, independientemente del consejo o el consuelo que nos den, siempre queda una estela que guarda la creencia de que no llenábamos al ser amado como él nos llenaba a nosotros. Pero no tengas miedo de seguir adelante o de entregar tu amor a alguien más, tengas la edad que tengas. Te aseguro que el tiempo se encargará de borrar esta huella de insuficiencia, si te das la oportunidad de ser amada de nuevo. Vive con felicidad y esperanza, rodéate de todos tus seres queridos. En ellos encontrarás el mejor refugio para recuperarte de una desilusión amorosa. Sé que en esos momentos las palabras sobran, pero un buen abrazo pudiera ayudar.

ELOÍSA

Platican mis papás que cuando éramos muy pequeñas, todas las tardes, mi hermana Elo y yo solíamos esperarlos mirando desde la ventana, pendientes de su llegada a la casa. En una ocasión, en cuanto los vimos llegar, Elo salió corriendo a recibirlos. Como estaba aprendiendo a caminar, traté de correr detrás de Elo que bajó muy aprisa las escaleras y, claro, rodé todo un piso. Mis papás escucharon el golpe, como si alguien hubiera arrojado un costal de papas desde arriba. Mi papá corrió a levantarme y me llevó de inmediato al hospital, pero, para sorpresa y contento de todos, no tenía un rasguño, ni un moretón.

¡Quién lo hubiera imaginado!, las escaleras me enseñaron algo muy importante. Siempre que he seguido a mi hermana hasta en situaciones más adversas, nunca he salido lastimada. Estoy consciente de que pude estudiar una carrera universitaria porque seguí sus pasos. Sé que nunca me va a fallar, siempre me ha cuidado como una segunda mamá. También ha jugado conmigo como la mejor amiga, como una muy confiable confidente y atinada consejera. Algunos de nuestros sueños comunes se han realizado; otros, se han quedado por allí flotando. Cómo olvidar que las almohadas fueron nuestras cómplices en cada secreto.

El tocador fue una de mis travesuras más frecuentes. Siempre me encantaron los cosméticos y mi mejor lienzo es mi cara. A Elo no le molestaba que yo me pintara. Le preocupaba que para hacer tan fascinante actividad, tuviera que abrir a desnivel los cajones del tocador para utilizarlos como escaleras, y subir hasta la parte del espejo para darme vuelo pintándome la cara. Elo siempre estuvo al pendiente de la subida y de la bajada, tan peligrosas.

Hoy, que ya somos adultas, ella sigue igual, pendiente de las subidas y bajadas de cada uno de mis proyectos, prósperos y adversos. Me sigue regalando consejos o simplemente escuchándome, envolviéndome con el abrazo oportuno. Muchas veces me preguntan que cómo puedo abrir así los dedos de los pies, que si tomé alguna terapia para tener esta movilidad. Pues he de confesar que mi mejor terapia era jugar "a las comadres" con Elo. Esto exigía ponerse a la altura de las circunstancias, es decir, usar todo un ajuar de comadres, así que, con mucho cuidado, Elo me pegaba unos pedacitos de cinta adhesiva que después pintaba con algo de barniz para simular así uñas largas y lindas. ¡Era fenomenal! Me hacía sentir "grande", y como por ningún motivo quería arruinar tanto trabajo, me esforzaba por mantener los dedos de los pies lo más abiertos que podía, para que no se pegaran entre sí los pedacitos de cinta adhesiva y se arruinaran mis uñas.

Ese fue un gran juego y una poderosa terapia, física y emocional, pues la manera de dar cariño, muy propia de Elo; su cariño, me lleva a corresponder al enorme apoyo que ella me dio. Se trata de un cariño y un compromiso que no se dan por el simple hecho de llevar la misma sangre, sino que se ganan con promesas cumplidas, cuando estamos en la disposición de acompañar a ese ser tan especial en sus momentos buenos y malos, pues ocurre que cuando estamos felices y un amigo o un familiar se nos acerca porque se siente triste, casi no lo escuchamos. Estamos embriagados de esta buena racha que vivimos, no queremos empañarla con nada y hacemos como que lo escuchamos, para que automáticamente nos salga esa supuesta frase salvadora: "No te preocupes, estas cosas pasan, pero pronto las vas a solucionar", e inmediatamente empezamos a contar cómo nos va a nosotros o simplemente nos despedimos. No me refiero a que te pongas igual de triste que la persona que te está compartiendo su sentir. Sólo quiero que trates de pensar en la confianza que te tiene esa persona como para contarte algo que la está lastimando. Más todavía, en qué lugar te tiene que considera que la puedes ayudar, que tienes las palabras adecuadas para hacerla sentir mejor. Si eres tan especial para esa persona, no la defraudes, pues de la misma manera en que te buscó para pedirte ayuda o un consejo, te buscará para brindártela. Trata entonces de sentir lo que ella está sintiendo y dile lo que te dicte tu corazón.

Algún día te tocará estar triste y tener que participar de la felicidad de alguien especial, lo que es todavía más complejo. Sin embargo, puedes hacer a un lado tus sentimientos para darle paso a los sentimientos de un amigo o un hermano. Esto implica esfuerzo y compromiso, pero únicamente así se forman los verdaderos lazos de sangre. Intenta escuchar a cada miembro de tu familia, escúchalos acallando la voz de tu mente y deja salir las palabras de tu corazón, pues sólo así podrás acompañarlos en las bajadas y las subidas de la vida.

Un deseo concedido por un niño

A lo largo de mi vida como conferencista, he tenido varias experiencias cargadas de amor, muchas de ellas acompañadas de una gran lección, no sólo para el auditorio, sino también para mí. Dos de estas vivencias ocupan un lugar muy especial en mi corazón, ya que en ambos casos se trata de un deseo concedido.

Di por primera vez una conferencia para niños de cinco años en Manzanillo. Tenía el deseo de abarcar todas las categorías posibles de públicos, pero nunca imaginé que la realización de este deseo fuera tan completa. En cuanto llegué vi cerca de sesenta sillitas, todas ocupadas por niños muy bien portados que respondían al unísono a cada pregunta. Fue una escena impactante e inesperada, ya que nadie me especificó que eran niños de tan corta edad. Improvisé algunas cosas y modifiqué mi lenguaje para que la conferencia estuviera a la altura de mi pequeño público. Recuerdo bien que cuando hablé de la manera en que enfrento los retos, pregunté a todos: "¿Qué es lo que más se les dificulta hacer?" Y a coro me respondieron que las multiplicaciones. Seguí con la conferencia. Escucharlos, estar con ellos, ver cómo reaccionaban, me hizo reflexionar, tal vez tengan razón, lo más difícil en este mundo son las multiplicaciones, todo lo que le agregamos a los retos, es el grado de dificultad que les multiplicamos. Concebimos cada nuevo proyecto como algo muy difícil de emprender, como un camino cuesta arriba, pero al practicar, aprender y prepararte, descubres que resulta sencillo aquello que en un principio te pareció complejo.

Al terminar la conferencia, unos niños se acercaron a mí para regalarme un dibujo en el que había una muñeca, que al parecer era yo, porque le habían borrado los brazos. Y lo más asombroso, el dibujo tenía una frase escrita por ellos: "¡Qué feliz soy con o sin mis brazos!" Este regalo fue la prueba fehaciente de que aquello por lo que he luchado tanto no ha sido en vano. Que cada lágrima, cada sonrisa, tiene una razón de ser. Está en nosotros decidir cuánto valor y cuánta duración le damos a estos momentos.

Me causó una enorme satisfacción saber que unos niños de tan sólo cinco años habían entendido al pie de la letra lo que quería compartirles. Y una vez más, confirmé, como en otras tantas ocasiones, que cuando hablas con el corazón, también te escuchan con el corazón. Éste es el único elemento que necesitas para entender un mensaje de amor.

Esta conferencia también me despertó otra reflexión: no hay edad para enseñar o aprender una lección, sólo hay disposición. Con todo lo que he compartido, en esencia lo único que quiero decir es que ser felices es una decisión que tomamos independientemente de las situaciones que nos rodean, nuestro aspecto físico, las cosas que nos hacen falta, etcétera. Ser felices siempre será una decisión que tenemos plena facultad de tomar todos los días de nuestra vida y, en ocasiones, más de una vez cada día, ya que en todo momento cambiamos y cambian las circunstancias que nos rodean, el mundo cambia a cada segundo. A veces quisiéramos que todo sucediera como en los finales felices de los cuentos o de nuestras historias favoritas, donde un suceso marca la pauta para la felicidad eterna. Sin embargo, la realidad es otra. Si con una sola actividad, decisión o reto logrado alcanzáramos la felicidad, no tendríamos ya la oportunidad de seguir luchando, de seguir preparándonos, de buscar nuevos retos, lo cual, sin duda, nos haría débiles, ignorantes y terminaríamos por arrumbarnos en la infelicidad. Sin embargo, en la vida cotidiana, la buena nueva es que podemos tomar, cuantas veces queramos, la opción de ser felices.

Quisiera compartir otro momento muy especial que surgió también en una conferencia, en el momento de abrir las participaciones del público. Una joven se puso de pie y me dijo:

Yo no quiero hacerte una pregunta, sólo quiero compartirte algo que me sucedió. Soy maestra rural y hago un gran esfuerzo para llegar hasta la comunidad donde doy clases. Es una comunidad de muy bajos recursos, así que cuando llego, barro y acomodo las bancas para iniciar la clase enseguida. A veces es muy desgastante. Uno de esos días, un niño me dijo: "Maestra, le ayudamos." Yo respondí que no, que podía sola. Y es que a mí no me gusta que me ayuden, que me abracen o que me digan lo que tengo que hacer. Este niño me ofreció ayuda varias veces, pero mi respuesta fue siempre la misma: "Puedo sola." En otra ocasión, el niño me preguntó: "Maestra, y si no tuviera brazos, no podría hacer todo sola." Ya un poco molesta le respondí: "Claro que no podría, pero ahora sí los tengo. Hasta que conozca a una persona sin brazos que me dé una lección, entonces ese día cambiaré." Y ahora, Adriana, verte aquí es muy impresionante para mí. Nunca pensé que fuera a vivir algo que algún día dije sin pensar.

De seguro, esta historia conmovió a más de dos, entre ellos, a mí. Finalmente, la maestra me pidió un abrazo. En cuanto se me acercó, sentí cómo temblaba. Fue un momento de emociones profundas que nos embargó a todos. Parecía que el niño que le ofreció ayuda supiera que eso ocurriría, que este momento algún día permitiría a la maestra a ser más accesible con ella misma.

A muchas personas les cuesta trabajo recibir ayuda. Yo misma siempre he dicho que no me gusta que hagan por mí lo que puedo hacer sola. Sin embargo, creo que cuando alguien nos ofrece ayuda, es porque en realidad estamos trabajando. Si viéramos a una persona que se está esforzando mucho y que necesita algo que nosotros le podemos dar, de inmediato despertaría en nosotros el deseo de ayudarla, lo que no sucede con un holgazán. Por eso, si alguien te tiende una mano, ¡no hay nada que temer! ¡Acepta con gusto ese gesto fraterno!

Suele suceder, y más a las personas con discapacidad, que cuando llegamos de nuevos a cierto lugar, queremos ayudar en todo y eso está muy bien. Sin embargo, lo ideal es ir descubriendo dónde nos necesitan y hasta dónde podemos ayudar a las personas que nos rodean. Es cuestión de tiempo y mucha paciencia.

Estas increíbles experiencias que te acabo de narrar; parecen un regalo para hacernos mejor la vida. Siempre que doy una conferencia miro hacia arriba y pido a Dios muy sinceramente, desde lo más profundo de mi corazón, que me dé las palabras precisas y necesarias para ayudar a alguien. Estos dos momentos tan especiales de mi vida fueron como un deseo concedido, gracias a unos inolvidables y maravillosos niños.

Un compromiso para siempre

La vida nos presenta infinidad de retos, que despiertan una gran inquietud en nuestro corazón, así como proyectos y sueños que deseamos hacer realidad. Se trata de situaciones que inyectan energía a todo nuestro ser, que forjan nuestro carácter. En estas circunstancias creemos que las ganas y la buena disposición resultan suficientes para hacer frente a cualquier condición. Hacemos entonces un primer intento, pero las cosas no salen. Vamos por el segundo, pero volvemos a fallar. Viene el tercero y nos aferramos a la creencia de que "la tercera es la vencida", aunque nuestra fe y convicción hayan disminuido. Aún así, hacemos este tercer intento y fracasamos. Entonces surgen la desilusión y el enojo, nos escudamos en nuestros errores bajo frases como: "Es que esto es muy difícil, es imposible. Es el sistema del país el que no se puede cambiar. Ya lo intenté muchas veces y no se pudo. Además, hace mucho calor, ya me cansé, esto le toca a otro, no a mí, que venga el especialista y lo resuelva."

Cuando escucho algo así, de inmediato me vienen a la mente todas mis actividades matutinas, pues las mañanas son el escenario de mis más grandes logros: bañarme, vestirme, maquillarme, incluso, secarme el pelo con la secadora, grandes tareas que ocupan parte de mis mañanas. Obtener la autonomía para realizar estas faenas, de lo más común y cotidiano para otros, es de lo más complejo para mí. Tan sólo vistiéndome, me tardo veinte minutos; maquillándome alrededor de dos horas. Podría asegurar que tú, en cambio, te levantas muy rápido, a pesar de que se te durmió el gallo, te bañas, te vistes, y te arreglas sin mayores problemas. Y cuando terminas de despertar, ya te encuentras en la escuela o en la oficina. Sin embargo, estoy segura de que hay actividades que te cuestan mucho trabajo y que para otros resultan de lo más fáciles, comunes y cotidianas. Si hicieras caso de lo que esta gente te dice, que eres un tonto, un lento o un débil, porque eso que tú haces en tres horas yo lo hago en tres minutos; si te detienes a escuchar esos comentarios que sólo pretenden frenarte, quitarte del camino y apagar tu espíritu de lucha, nunca lograrás nada. Puede que en estos comentarios haya algo de cierto, pero lo importante aquí es intentar, no desistir.

Como te decía, bañarme, vestirme y maquillarme sola, fue para mí todo un reto: no fueron uno, dos o seis intentos. Han sido cerca de veintinueve años, mismos que tengo de vida, de intentos continuos. La perseverancia, la preparación, el compromiso y la disciplina me llevaron a dominar cualquier actividad. Por ejemplo, para secarme el pelo tengo que subir un pie a la altura de la cabeza, cargando la secadora, mientras que el otro pie hace otro tanto con el cepillo que luego deslizo, mechón por mechón, hasta secar todo el cabello. Esta actividad me lleva aproximadamente media hora. Para desplegar estos malabares invierto una buena dosis de energía, así como buena parte de mi condición física, por lo que me someto a una disciplina física constante. Me encantan los chocolates, pero me viene a la mente el compromiso que tengo conmigo y trato de cuidar mi dieta, sin que esto me impida disfrutar de algo tan delicioso como los chocolates.

Además de la condición física, la paciencia resulta clave, pues cuando me maquillé por primera vez, ¡no sabía a ciencia cierta si lo que veía era un Picasso en movimiento o una paleta payaso! Pero con paciencia pude lograrlo. Con estos ejemplos, tal vez sencillos, quiero compartirte la certeza de que todo se puede lograr si tienes presentes estos factores. Creo sinceramente, que siempre me he distinguido por mantener el compromiso de intentar las cosas las veces que sea necesario y por esforzarme siempre en toda circunstancia, pues tan sólo imagina si el día de mañana despertara con flojera, sin ganas de esforzarme, de realizar algún intento, de superarme, bajo el argumento de que es difícil, ten por seguro que saldría a la calle desnuda, sin bañarme, sin maquillarme, completamente desaliñada. La gente que me conoce se preocuparía y la que no me conoce tal vez diría: "¡Mira! Una loca." Y tendrían razón, se necesita estar loco para echar por la borda la vida sin haber intentado hacer algo con ella. Es realmente preocupante que alguien salga a la calle sin ánimo de comprometerse, porque aquel que no se compromete con nada, no triunfará en nada. Si pudiéramos ver en las personas sus ganas de esforzarse, de comprometerse, en realidad nos sorprendería encontrar a muchas personas desnudas. De ahí que, las ganas de esforzarnos, de prepararnos, de ser pacientes, constantes, disciplinados, perseverantes y comprometidos con la vida, con la familia, con nuestra misión, con el país y, sobre todo, con uno mismo, se reflejan en el modo de vestir. Por ello, sugiero que salgas a la vida siempre bien vestido. A mí, por ejemplo, me gusta salir siempre bien vestida y entre más elegante, mejor. Una vez más, te sugiero que vayas por la vida vestido de gala, es el más importante y maravilloso evento al que has sido invitado. Es un evento tan especial, que sólo pasarás por él una vez y el invitado de honor eres tú.

Con fortaleza de niño

Hace algún tiempo me invitaron al pabellón infantil de cancerología del Hospital Civil de Guadalajara. Confieso que me sentía preocupada y nerviosa. No sabía si podría ser lo suficientemente fuerte para ver a todos esos pequeños viviendo con una enfermedad tan dura como el cáncer. ¿Qué podría decirles que pudiera aligerar tan pesada carga? ¿Cómo se sentirían ellos con mi visita? ¿Acaso tendría las palabras que esperaban escuchar? Eran preguntas que no dejaban de darme vueltas en la cabeza. Finalmente, llegó el día de la visita. En el hospital, una comitiva me estaba esperando para empezar el recorrido. En nuestro camino por los pasillos, me explicaban cómo gracias a la contribución y donaciones de muchas personas el hospital se mantenía en tan buenas condiciones. El colorido del lugar y el cuidado en la decoración cambiaron la idea que tenía del hospital, pues mi mente albergaba la imagen de un conjunto de edificios de paredes grises y desoladas. Fue una muy grata sorpresa ver todo tan pintoresco, tan lleno de adornos infantiles muy bellos, había un mural de dibujos hechos por los propios niños. Este paisaje me inspiraba. Resultaba motivador no sólo para los niños que veían sus dibujos colgados en esas paredes, sino también para sus familias, para los médicos, el personal del hospital y los visitantes. Ni siquiera todo mi acervo de palabras sería suficiente para alentarlos, pues con su actitud nos daban una lección de vida.

Seguimos el recorrido y, de pronto, los médicos me explicaron el caso de un niño de siete años que tenía cáncer en una pierna. Ya habían agotado todas las posibilidades para salvársela y tendrían que amputarla para mantenerlo con vida. El niño aún no lo sabía, pero su familia sí. La noticia de que su hijo sería una persona con discapacidad resultó muy dura para los papás, a quienes conocí, y no dejaban de pedirme palabras de aliento, algo que los animara a creer que una persona con discapacidad puede ser feliz y salir adelante. En medio de lágrimas, la mamá de ese niño me dijo: "Sólo quiero que mi hijo viva feliz. Cuando salimos a la calle y los niños se le quedan viendo sin acercársele, quisiera gritarles y decirles que no vean así a mi niño porque es alguien muy valiente que lucha día con día para estar vivo, que sólo quiere jugar y hacer las mismas actividades que ellos, que por favor jueguen con él y que lo quieran. Cuando lo ven así, me lastiman en lo más profundo porque siento que lo lastiman a él que es un niño maravilloso."

Al escuchar estas palabras que salían del corazón de esta mujer, parecía estar oyendo a mi mamá y a todas las mamás que tienen o tendrán un hijo con discapacidad. Su miedo y el mío, podría ser pensar que la gente siempre verá así a sus hijos, de lejos, sin acercarse a su vida. Ante el dolor de esta mamá, me dio la impresión de que Dios me brindó la oportunidad de decirle con toda sinceridad lo que quizá por mi edad no pude decirle en su momento a mi propia mamá: que no se preocupara porque dentro de un tiempo esos momentos tan dolorosos serían sólo tenues recuerdos comparados con todo lo positivo que vivirían. Que la lucha sería dura y constante, pero que a la par, iría creciendo la fortaleza de los dos, así como los momentos felices. Que las personas que realmente dan amor no pueden más que recibir amor. Así que, con paciencia y amor, esos niños que se apartan de su hijo no sólo se acercarán a él, sino que también se acercarán a su vida para descubrir que lo importante se encuentra en el interior de las personas, algo que también él aprenderá a la par que los demás niños, algo que su hijo tratará de tener presente todos los días de su vida. Que acompañar a su hijo en la lucha lo hará fuerte porque él sabrá que usted estará allí siempre que lo necesite.

Estas luchas se presentan con distintas caras: unas veces como cáncer, otras bajo la muerte de un ser muy querido, un divorcio o

Con mi hermana
Eloísa en una fiesta.

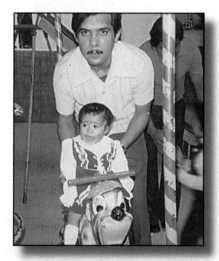

Con papá en una
fiesta, en 1979.

En un festival de primavera.

Felipe Castro, el técnico de mis prótesis, y
yo a los cuatro años.

Con mi hermana el día de nuestra primera comunión.

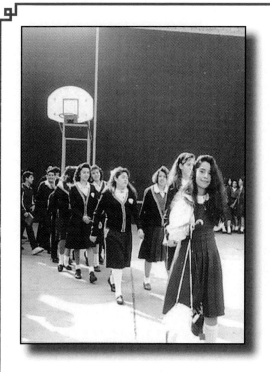

En el patio de la
escuela secundaria.

Con mi mamá en mi fiesta de quince años.

Cuando cumplí
veintidós años.

Con papá, en la fiesta de
graduación
de la universidad.

Con mis papás en mi graduación de la especialidad
en administración de recursos humanos.

Trabajando con la computadora.

Con mi fiel secadora de pelo.

Ensartando una aguja.

Con mi maestro de vida, Monseñor Berli,
arzobispo de Mérida.

Con mi amigo, Óscar Cadena.

Con Angélica Aragón en un evento del Día internacional
de la mujer.

Con Lolita Ayala en su oficina.

Mis amigas Sara y Daniela en el Congreso
Internacional de Discapacidad.

Con José José y Juan Medina.

Estas son algunas de las fotos que tomo de mis queridos auditorios.

Firmando una
dedicatoria.

Posando para la cámara.

Con mi querida
hermana Elo.

Con mi novio,
Juan Medina.

El hombre que amo.

Mis padres, José Manuel y Juanita.

No soy un ángel...

Pero puedo volar...

Siempre con una sonrisa.

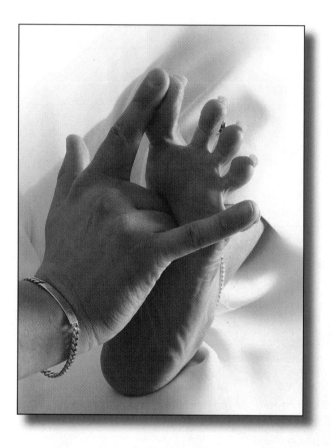

La mano de Juan y mi pie.

una discapacidad. Son muchas las caras que puede adoptar, pero la fortaleza y la fe serán siempre las armas necesarias para enfrentar estas luchas. Alguna vez mi amigo, Julio, me dijo citando un párrafo de la Biblia, que cuando Dios eligió a Moisés para transmitir su mensaje, Moisés se preocupó. Sintió que no era el indicado, que había hombres mejores que él para cumplir con tan difícil encomienda. Pero Dios lo eligió a él.

Creo que, al igual que en este pasaje de la Biblia, Dios nos asigna determinadas vivencias, así como una serie de personas muy especiales para acompañarnos en la misión que nos ha encomendado. Las circunstancias por medio de las cuales aprenderemos y compartiremos nuestra misión, serán ciertamente muy particulares, muy distintas en cada caso, pues dependerá de la actitud con la que enfrentemos las experiencias que se nos han otorgado.

Reconozco que la visita a los niños con cáncer fue una experiencia dura, pero muy enriquecedora. Eran tantas las lecciones que me habían dado, que mientras estuve ahí, traté de ordenar más de una vez mis ideas. Me despedía ya de la última niña, una chiquita de tan sólo cuatro años. Le entregué un libro de dibujos, mientras el médico me explicaba que su cuerpo estaba temblando porque le acababan de aplicar una quimioterapia. Eran ya casi las cinco de la tarde y apenas estaba comiendo: había tenido que ayunar para hacer el tratamiento. Su papá le dijo: "Dile adiós a la señorita." Yo pensé: "¿Cómo se va a despedir esta niña de una extraña, después de una quimioterapia y de no haber comido en todo el día?", pero de inmediato la niña volteó a verme y con una gran sonrisa, agitó su manita para decirme adiós. Nunca olvidaré esta sonrisa que me dejó ver la enorme, descomunal fuerza de un niño, así como la actitud y la fe que deberíamos tener todos ante los momentos difíciles. Para Dios, somos los indicados para llevar a cabo la misión que nos ha confiado y para ello, resulta enriquecedor tomar como ejemplo ese inagotable ánimo con el que los niños enfrentan retos tan grandes. No me queda más que decir, habría que vivir la vida con actitud y fortaleza de niño.

Son tantas las cosas que me han enseñado los niños, entre ellas su hermosa sonrisa, que en verdad es imposible pasar por la vida sin intentar darles todo el amor y toda la felicidad que se merecen. A veces, es muy triste saber que quienes debieron haber cuidado y protegido a los niños, son precisamente los que más los lastimaron, los que les arrancaron su sonrisa.

Cuando me invitaron a dar una conferencia a menores infractores, no lo pensé ni dos veces. Días antes me preguntaba qué necesitaban escuchar de mí esos pequeños. Todas las cosas maravillosas que he logrado en la vida se deben a la compañía, al amor y al cuidado de mis papás. Estos niños no tuvieron esos cuidados y, sin embargo, tienen fe, fuerza, esperanza, sentimientos difíciles de desarrollar cuando se ha vivido una situación de maltrato y abandono, pero, como ya lo he dicho en otros lugares, a todos nos toca aprender alguna lección. A estos pequeños se les había asignado la tarea de salir adelante en la vida, sin el apoyo, la guía, los consejos y la supervisión de una familia. Sin embargo, no están del todo solos, todos tenemos a alguien muy cercano que está en la mejor disposición de apoyarnos, y de no ser así, hay muchas fundaciones y organizaciones preocupadas por el bienestar de estos niños.

En esa conferencia les hice ver todo lo que tienen, pues aunque esto no sustituye lo que nos hace falta en la vida, sí desempeña un papel compensador de enorme importancia. Por ejemplo, nada sustituye unos brazos, pero tengo mis pies. Ya sé que es imposible ponerlos en lugar de mis brazos, así como es imposible sustituir a unos papás o poner una fundación en lugar de ellos. Pero si nos apoyamos en las cosas que tenemos, respetando la posición que cada uno ocupa en nuestra vida, podremos lograr todos nuestros proyectos sin sentirnos desolados. Al terminar la conferencia me permitieron convivir con ellos de manera más cercana. Algunos me contaron sus historias, fuertes, sin duda. Todos se despidieron de mí con un gran abrazo. Los sentí tan confortados que entendí que en los momentos duros de la vida, sólo las muestras de cariño nos pueden ayudar a salir adelante. En muchas ocasiones, las palabras pierden valor si no van acompañadas de muestras de cariño. A veces, lo único que necesitamos es un abrazo para cargarnos de la fortaleza necesaria para superar los retos con los que la vida nos pone a prueba.

DESDE LO MÁS PROFUNDO

Desde que somos niños nos enseñan que cuando algún objeto se le cae a alguien que está cerca de nosotros, es bueno ayudarlo y darle lo que se le ha caído, en mi casa eso era muy normal para todos, en especial para mí porque no tengo que agacharme a buscar las cosas, simplemente me quito el zapato, lo tomo y lo entrego, pero nadie me dijo que eso sería de lo mas extraño para alguien que no me conoce, nadie me dijo que las personas tendrían una reacción de sorpresa, de susto, que sé yo; a mi sólo me explicaron que cuando alguien te ofrece algo y decides tomarlo lo puedes hacer, tan es así que me lo entregan en mis pies, pero cuando voy en algún vuelo y alguien me ofrece algo yo simplemente lo intento tomar, pero las personas nuevamente sin darse cuenta reaccionan, con una cara de susto o de sorpresa, extienden su mano para de manera inmediata retirarla, desde lo mas profundo si yo decidiera permitirme la falta de empatía, comprensión o tolerancia hacia los demás, viviría inmersa en la tristeza, en el miedo y el desánimo, miedo a que las personas se asusten, que deseen conocerme de primera instancia para después retirarme su amistad, su amor; ésas son las únicas reacciones de las personas que me lastiman y despiertan la duda en mí, pequeños detalles que en nuestra mente y en nuestro corazón son como semillas que si uno decide regarlas y hacerlas crecer por medio de la inseguridad, sin duda darán frutos de rencor hacia lo que pudo suceder, porque muchas veces las personas me dicen, "cómo es posible, nosotros que lo tenemos todo, nos quejamos y tú andas siempre con una sonrisa", como si el tener una discapacidad fuera un buen pretexto para vivir llorando y amargados, cuando tiene que ser una razón más para trabajar con ahínco y vivir con más fe, pues todos tenemos una razón para llorar, para vivir amargados, para dejar de luchar, pero son muchísimas más las razones para sonreír, para amar, para perdonar y para inspirar nuestra vida con sentimientos de bondad, he querido compartir reacciones que me duelen, que me preocupan desde el fondo de mi corazón para acercarme más a ti, y cuándo me veas con una sonrisa recuerdes que trabajo igual que tú para vivir con el mejor de los ánimos, que todos tenemos cosas que no nos gustan de nosotros por las reacciones que provocan en los demás, pero ¿Qué tanto vale la pena darle un lugar importante en nuestro corazón a esas circunstancias de la vida? Desde luego que ninguna, muchas veces he dicho que algunas cosas al principio son difíciles pero con la práctica se facilitan, pero en este caso no es así, esto siempre es fácil, siempre que así lo decidas, pues desde un principio puedes decidir cerrar la puerta de la inseguridad, para dejar abierta la de la empatía, pues no siempre le vamos a caer bien a todos y la clave para no amargarnos es no tomarnos las cosas tan personales, y tener una mayor comprensión por las personas que nos rodean y que no nos conocen del todo bien, porque sin duda siempre habrá alguien que nos quiera brindar su amistad si nosotros somos buenos amigos.

Si quieres saber más de mí o comunicarte conmigo, te anoto la siguiente dirección:

www. adrianamacias.com

Como un reloj de arena

A lo largo de la vida, nos hacemos de muchos amigos, pero entre todos ellos, hay amigos para siempre, amigos que con el tiempo se convierten en los grandes confidentes, en los expertos doctores corazón, en los consejeros, los cómplices, los técnicos, los buscadores de parejas, los casamenteros, los aventureros, los duraderos que nos acompañan desde la infancia, en fin, son muchas las formas en las que podemos clasificar a los amigos. De entre ellos, destaca ese amigo de la infancia con el que jugamos hasta altas horas de la noche, hasta morir, en las fiestas de Año Nuevo, el día de Reyes, en todas esas situaciones en las que competíamos para ver quién duraba más tiempo despierto y en las que, por cierto, el sueño resultaba siempre el verdadero vencedor.

Cómo olvidar al amigo que nos saca el lado aventurero, con sus inagotables invitaciones a viajar, a salir de la rutina sin planes previos, y que nos enseña a verle un nuevo color a la libertad, o al amigo que nos escucha y siempre trata de darnos un consejo, por supuesto, relacionado con el amor, pues es el doctor corazón que nos consoló cuando rompimos con nuestros novios o novias, que se emocionó con nosotros por ese nuevo romance. Ese amigo que nos ha acompañado en las buenas y en las malas del amor. También están aquellos a los que les platicamos las diferencias que en ciertos momentos surgen en las familias y a quienes se recuerda con esa frase: "Ten paciencia, trata de entenderlos, a veces así son los papás", aunque luego descubríamos que éramos nosotros los que desesperábamos a los papás. Y no faltan los amigos a los que les confiamos nuestros proyectos profesionales y que siempre están atentos a darnos una sugerencia importante que nos encamine. Y lo mejor, podemos tener a todos estos amigos cuando tratamos también de ser como ellos.

En los cinco años que llevo como conferencista, he tenido la oportunidad de redescubrir que no importa el lugar, el clima, la edad o la profesión, todos tenemos muy presente a ese amigo tan especial y de inmediato salen a relucir los ingredientes que conforman una gran amistad: el cariño, el compromiso, la honestidad, el buen humor, el respeto. Cada vez que estamos dispuestos a poner estos ingredientes en una relación de amistad, estamos salvando una vida, en todas las formas en las que pudiera salvarse. A veces buscamos grandes obras, hechos que sean admirados por todos. Creemos que es la única forma de salvar al mundo. Sin embargo, la magnificencia de las obras está en los pequeños detalles: en cada sonrisa, en cada mirada, en cada palabra, en cada palmada, en cada beso, en cada abrazo, en cada broma. Éstos son los gestos, las acciones que borran las diferencias físicas y que dan paso a la amistad. Se trata de acciones constantes que moldean nuestro pasado, presente y futuro. Todas esas invitaciones a jugar, todas esas travesuras formaron parte de mi carácter y de la seguridad que ahora tengo. Gracias César y Luis, por toda la felicidad que compartimos. Siempre recordaré esa tarde de 1986, cuando se empeñaron en que jugara béisbol, las caminatas rumbo a la escuela, las travesuras que nunca confesaré, las confidencias, los secretos, nuestras penas de amor compartidas, que son nuestra historia y, sobre todo, que dejan ver que una discapacidad rebasa las expectativas cuando de jugar se trata, que fue así como creció en nosotros la confianza de que todo es posible. Nunca nos fiamos en nuestros defectos ni en los obstáculos, sólo pusimos la mirada en nuestros objetivos, en que los lograríamos y en lo mucho que nos divertiríamos. Surgieron diferencias, pleitos tal vez, silencios duraderos, soledades. Pero en los casos de triunfo, la compañía nunca se hizo esperar. Hemos crecido, algunos de nuestros sueños se han realizado, otros se han roto y unos más han surgido, y sólo la constancia nos ha permitido vivir todas estas experiencias.

El paso del tiempo y nuestro crecimiento no han sido obstáculos para compartir cada sueño, cada esperanza de que se concrete un romance. Carlos, Yazmín, y a todos aquellos que en este momento se encuentren en la búsqueda del amor, les digo que todo llegará a su tiempo. Nunca hay que darnos por vencidos, cada oportunidad de conocer a alguien despierta el gusto de esperar un nuevo día para compartir con ese ser especial de quien deseamos conocer todo. Surgirán acuerdos y diferencias, pero si el sentimiento es verdadero, la relación se concretará. Sin duda, sentir el amor es sentirnos vivos. Sabemos que también somos parte de este mundo cuando entramos a la vida de otro ser humano.

Si alguien te ha roto el corazón y sigues adelante, habrás salido vencedor de una batalla dolorosa. Sabrás que eres un guerrero valiente, pues el dolor de saber que no eres correspondido en el amor es difícil de superar, pero no imposible. La experiencia te dará la fuerza para continuar y esa cicatriz en tu corazón te recordará que amaste y fuiste amado. Reconoce tus aciertos para repetirlos y, si es posible, para mejorarlos, ve tus errores para no repetirlos. Esto es lo que se aprende en la lucha por encontrar a quién amar.

Seguí descubriéndole lados hermosos a la amistad, cuando, en 2003, me fui a vivir a Guadalajara. Es difícil llegar a un lugar nuevo, ya sea una escuela, un trabajo, un puesto y hasta una nueva ciudad. Se tiene tanto miedo de no acoplarse y es muy posible que surja rechazo y, una discapacidad puede ser el motivo. El reto radica en encontrar un lugar propio complementando la discapacidad con las capacidades, con todo aquello que se puede dar. Lograrás integrarte a un nuevo ambiente siempre y cuando seas sincero y te entregues con la intención de hacer una amistad y no sólo por compromiso, independientemente de aquellos detalles que estés dispuesto a dar, siempre recuerda a aquellos que sin esperar nada de ti, sin saber nada de ti, te tendieron la mano, te ayudaron simplemente estando. Paola y Jessica estuvieron allí, sin esperar nada, cuando llegué a Guadalajara con una maleta llena de sueños. Primero fueron compañeras de trabajo, después amigas, muy amigas. Creo que una amistad de bases sólidas inicia cuando no pides ni esperas nada a cambio de lo que das; comienza a sembrarse cuando dos personas están dispuestas a estar desde el principio de una aventura, sin saber si habrá buenos o malos momentos, triunfos o fracasos, alegrías o tristezas, por que no importa la incertidumbre, si persiste la certeza y el compromiso de estar.

Mucha gente me apoyó para llegar al mundo de las conferencias, un camino en el que cumplo parte de mi misión en la vida. Y todo esto se lo agradezco a José Luis, a Miguel Ángel y a José de Jesús, nombres de ángeles que parecen salidos de la imaginación, pero que por fortuna son reales, son ángeles que están pendientes de mi formación, de mi superación, de mis sentimientos, de mis sueños y, sobre todo, de que mantenga los pies en la tierra. La mayor parte del tiempo los tengo puestos en las mesas, en las computadoras, en el celular, en el lápiz labial o en la secadora. Para seguir cumpliendo mi misión, mi corazón debe estar pendiente de los verdaderos sentimientos, de las cosas naturales y eso sólo se logra con los pies en la tierra.

Concluyo que la amistad es tan frágil como un reloj de arena. Las faltas que se cometen contra el amor o la lealtad son como pedradas que estallan contra el cristal que da forma a estos sentimientos. Cuando rompes con un compromiso, tocas ese lado frágil de la amistad. En cambio, si la cuidas, podría ser ininterrumpida como el tiempo marcado por el reloj de arena: cada grano simula los sentimientos correspondidos, que caen de un lado a otro del reloj, de manera constante. Alguien tiene que girar este reloj para mantenerlo andando, al igual que la amistad, a la cual la vida le hará dar muchas vueltas. Si la amistad es sincera, los granos de arena caerán desde el primer segundo, constantes y sin fin, moldeando así la verdadera amistad.

DESDE EL ESTADO MAYOR PRESIDENCIAL

Después de trabajar en un proyecto de la Secretaría del Trabajo, orientado a la integración laboral de las personas con discapacidad, para mi sorpresa, me invitaron a dar un discurso para el entonces presidente Vicente Fox, en conmemoración del Día Internacional de las Personas con Discapacidad. Me sentí muy emocionada. Nunca imaginé que algún día podría dirigirle unas palabras tan sentidas al presidente, pues pude elaborar mi discurso con plena libertad.

Estuve pensando el discurso dos días antes del evento, pero no me resultaba nada fácil. Se me hacía increíble estar viviendo una experiencia de tal magnitud, después de tanta lucha, de tanto esfuerzo, de tantos desvelos. Finalmente, era cierto lo que tantos libros decían una y otra vez, que ante un problema muy grande, lo más conveniente es enfocarse en los particulares, en trabajar hasta donde es posible influir y, poco a poco, el círculo de influencia irá creciendo hasta llegar a lo más complejo, lo que parece inalcanzable. Es decir, si desde que me di cuenta de la maravillosa oportunidad que tenía de poder hablar con la gente, y que de esta manera podía compartir un mensaje que despertara la conciencia de la cultura de la discapacidad; si desde entonces hubiera tratado de hablar con el presidente, tal vez el camino hubiera sido más complejo. Por ello, ahora entiendo, fui abriendo brecha, fui andando un camino que me costó tres años de conferencias en muy diversos auditorios, y otros dos años de viajes por todo el país. No cabe duda de que todo llega en su momento. Cuando estamos preparados, cuando hemos tomado la decisión de pagar el precio, la recompensa y los resultados de nuestra lucha no tardan en llegar.

El día del discurso, mis papás, como en todos los momentos importantes de mi vida, estaban allí a mi lado, confiando en mí. Entramos en el salón. La expectativa del auditorio y la incertidumbre general se sentían en la atmósfera. De pronto, uno de los elementos de la guardia presidencial se me acercó para preguntarme: "¿Su discurso, licenciada?", mi reacción fue contestarle con otra pregunta que, de paso, me hacía también a mí: "¿Mi discurso?" él asintió: "Sí. ¿Dónde está o quién lo tiene?" No sé si fueron los nervios o qué, pero volví a preguntarle: "¿Qué? ¿Alguien debía traer mi discurso?" Él, algo desesperado y molesto, me dijo: "Usted, debió haber traído su discurso." En ese momento reaccioné y le dije que yo lo tenía. "Muy bien, ¿dónde?", preguntó, esforzándose en ser paciente. En la cabeza, contesté, me lo sé de memoria. El señor se puso muy nervioso: "Miré, a mí no me va a hablar, sino al señor presidente. A ver, dígame su discurso." Empecé a recitarlo, pero la verdad se me hizo algo tan cómico que me ganó la risa a media perorata. Él sólo miró hacia arriba como pidiéndole a Dios que nos amparara, sobre todo, a mí, pues tal vez pensó que se me olvidaría. ¡Cómo olvidar algo que llevo escribiendo desde hace tantos años! Sí, lo redacté en dos días, pero un discurso así difícilmente se olvida, sería como olvidar la razón de mi lucha.

Por fin, anunciaron que en escasos tres minutos entraría el presidente, y se nos solicitó tomar nuestros lugares. Es increíble, pero aun en ese momento pensé que Vicente Fox no llegaría. Tomé mi asiento, subí mi pie para acomodarme y acomodar el micrófono, como de costumbre. Hasta ese momento, la gente empezó a notar mi discapacidad y de inmediato las cámaras comenzaron a disparar sus *flashes*. He de confesar que, aunque seguido me encuentro ante las cámaras, siempre siento el nerviosismo de la primera vez. Minutos después, el presidente abría la ceremonia. Todos leyeron el discurso que llevaban preparado. Busqué con la vista al elemento de seguridad y fue muy chistoso porque con la sola mirada parecía decirme: "Ya ve, debió haber traído su discurso por escrito." Yo sólo sonreía. Llegó mi turno

y pude expresar mi discurso, tal cual lo había preparado, pude com-
partirlo desde lo más profundo de mi corazón.

Una vez terminado el evento, el auditorio y el señor presidente,
me dejaron ver que mi mensaje había cumplido con su cometido.
Estaba realmente contenta, aunque, poco a poco, la alegría se me
fue bajando como espuma. Entonces entendí que lo importante no
es lo bello de las palabras ni que éstas sean escuchadas por grandes
personalidades. Lo que en verdad importa es dar congruencia a esas
palabras con cada acción y el alcance que éstas tengan. Es así como
las palabras adquieren valor, cuando se convierten en acciones que
trascienden. Por eso, cada vez que tengo la oportunidad de aportar
algo en relación con la discapacidad o con cualquier otro tema, me
acerco primero a mis acciones para después plasmarlas en palabras,
porque sólo así adquieren realidad y sentido.

Es innegable que el discurso ante Vicente Fox fue una experiencia grandiosa, una vivencia que, por fortuna, pude compartir con
mis papás. Fue un logro más en mi carrera, que, sin embargo, dejé
atrás para subir el siguiente escalón.

Y EL IZQUIERDO TAMBIÉN

Mi mamá es y será un pilar fundamental en mi vida. Siempre he contado con su invaluable apoyo. Recuerdo que en una ocasión alguien me preguntó: "Adriana, ¿tu mamá siempre te acompaña cuando trabajas? Si es así, entonces es tu brazo derecho." Yo sonreí y dije: "Y el izquierdo también." Sin embargo, haciendo un recuento de lo que ella ha significado para mí, llego a la conclusión de que es más que mis brazos: es el consejo y el abrazo, el cuidado, el amor oportunos y digo oportunos porque muchas veces se ha guardado su miedo, su enorme preocupación de madre, para darme mi espacio.

Ella es para mí un ejemplo de fortaleza. Ella estuvo cuando los médicos me levantaron para mostrarle a su hija sin brazos. Ella escondió las ganas de aventar unas prótesis a las que yo les tenía terror. Ella estuvo cuando tenía tan sólo tres años y le dije: "Mejor ponme unos guantes en vez de esas prótesis." Ella estuvo cuando simplemente le brinqué en la cama para preguntarle: "¿Por qué yo?", estuvo cuando una noche, llorando, le grité: "¿Por qué yo no tengo manos? ¡Tengo miedo de no hacer mis sueños realidad!", también cuando le pregunté: "¿A mí quién me va a querer así incompleta?", y cuando le anuncié: "Ya tengo novio." Cuando me entregaron mi título, cuando saqué por primera vez mi auto de la cochera, cuando le dije: "Mira, me pagan por hacer mi sueño realidad." Días y noches ella estuvo. No es mi brazo derecho ni el izquierdo: es mi mamita, la que me ha impulsado para ser lo que soy, porque nunca flaqueó ni se dio por vencida, porque nunca perdió la fe. Son mil historias las que hemos compartido y ha sido hasta mi cómplice en una que otra conquista amorosa. A veces, cuando platicamos de todo lo que hemos vivido juntas, alguna lágrima se asoma en su rostro, y yo creo entender que, posiblemente, ella habría preferido dar lo que fuera con tal de que no hubiera llegado un día llorando para decirle: "Tengo miedo de no ser feliz, porque no tengo manos."

Ahora, aprovecho esta página para decirte mamá, que tenías razón, que todo esfuerzo es remunerado, como algún día me dijiste. Si luchas con constancia obtendrás resultados. Que el amor en todas sus expresiones debe estar presente en lo que hacemos y, que cada decisión que has tomado guiada por tu amor de madre, será siempre la correcta. Mamá, hoy quiero decirte que todos estos consejos no han sido fáciles de llevar a cabo, pero que soy feliz, que ya no le tengo miedo a mi discapacidad, porque lo que me enseñaste convirtió ese miedo en amor, que ahora quiero compartir con todas las mamás, principalmente, con aquéllas que tienen un bebé con discapacidad. Su lucha será dura como la tuya, pero si nunca desisten, si se dejan guiar por su corazón, lograrán, no que sus hijos sean perfectos, sino que sean felices, pues la felicidad no se manifiesta en la perfección de un cuerpo. La felicidad es muchas cosas más. Es descubrir la lección en un momento amargo. Es saber guardar los buenos momentos para que nos den fortaleza en los tiempos difíciles. Ser feliz es aceptar que la discapacidad se asome en nuestras vidas, no como un obstáculo, sino como un reto que seremos capaces de enfrentar.

Desapareciendo puertas falsas

En todos los tiempos, en todas las épocas y, si nos descuidamos, en cualquier momento, las salidas falsas están presentes. La combinación de varios factores y estados emocionales, como la falta de experiencia, los problemas personales, la desilusión, la tristeza, la desesperación, así como un momento de debilidad, pueden llevarnos a abrir una puerta falsa, tal como le ocurrió a un amigo.

Cuando conocí a este amigo, todo indicaba que era un chico como cualquier otro, con un trabajo, una familia, vida social. Cada vez que teníamos oportunidad de reunirnos, platicábamos de muchos temas. Uno de esos días, le comenté lo triste y desconcertada que me sentía, pues por primera vez me habían invitado a un albergue de jóvenes con problemas de adicción, donde, para mi asombro, había muchos niños que tenían entre ocho y diez años de edad que ni siquiera sabían por qué se encontraban allí. Algo molesta, le dije: "No puedo creer que unos pequeños se encuentren en un lugar así. ¿Dónde están sus papás? ¿Por qué nos los cuidaron?" Él me escuchaba sin decir palabra y yo insistía en que era una falta de respeto descuidar así a un niño. Cuando por fin me quedé callada, él respiró hondo y dijo: "Quisiera contarte algo que pasó cuando era niño. Mi mamá enfermó de cáncer y como mi papá se desvivió por atenderla, casi no pudo estar con mis hermanos y conmigo. Fue la época en que empecé a tomar. Llegó el día en que mi mamá falleció y, por tanto desgaste emocional y físico, poco después murió mi papá. Me sentí muy solo, triste, confundido y entré al mundo de las drogas, pues me quería morir. Por fortuna, dos personas creyeron en mí y me ayudaron a salir de esa pesadilla."

Las drogas, el alcohol o cualquier otra adicción, son puertas falsas que, en un momento de dificultad, parecieran ofrecer una solución inmediata que es irreal. Quiero mucho a mi amigo, pero ni el dolor más grande sirve como justificación para caer en algo así, para dañar nuestro cuerpo, nuestra mente. Ninguna droga nos devolverá al ser que perdimos, ni el proyecto profesional, ni ese negocio en el que pusimos todas nuestras esperanzas. Escapar de la realidad nunca será una solución, pues es tanto como dar la espalda a la solución misma, es tanto como ir al encuentro de un problema más grave. Cuando sientas ese desamparo, busca al amigo en quien más confías para que te ayude a salir de ese estado emocional o al especialista que igualmente podría orientarte. Pedir ayuda no significa humillarse, al contrario, significa tener el suficiente valor para reconocer que algo rebasó un límite. Sin duda, todos necesitamos de todos, solos no podemos salir adelante en esta vida. Siempre resultan más reconfortantes y sanadoras las palabras sinceras, acompañadas de un cálido abrazo, que cualquier droga. De vez en cuando, podrías escapar de la realidad recurriendo al sueño y a la imaginación conscientes, siempre y cuando los sueños estén hechos de fe, siempre y cuando los sueños tengan la posibilidad de convertirse en una realidad, cuando te permitan regresar a ella en pleno uso de todas tus facultades. Cuando escoges el camino de las drogas, tal vez tu cuerpo y tu mente se sientan mejor momentáneamente; tal vez te ayuden a borrar el dolor, pero sería como estar en el escenario de la vida esperando a que se abra el telón para empezar con la fuerza y el valor que las drogas parecen darte. Sin embargo, bajo el efecto de las drogas no pasarás de ver el telón. Tu mirada se sumirá en una infinita tristeza y nunca podrás aplicar todo ese bienestar y esa energía aparentes porque ese telón nunca se abrirá. Nada mejor que enfrentar la vida como es, con fe, amor, fortaleza y decisión, para que así, este telón se cierre sólo hasta que se tenga que cerrar; para que este telón caiga de manera natural hasta el final de la función.

SIN PENDIENTES

Mi principal fuente de energía después de mis seres queridos es el tener la oportunidad de seguir dando conferencias. En el año 2006 en uno de mis viajes rumbo a la ciudad de Monterrey todo transcurría como un vuelo más, la documentación, las normas de seguridad del aeropuerto, el tiempo de espera para abordar, incluso la despedida de mi padre que siempre nos lleva al aeropuerto, hasta el ver su mano agitándose en sinónimo de despedida y un deseo de buena suerte, para mí, ya eran cotidianas, llegó el tiempo de abordar, el avión despegó y saqué mi aparato de música y me puse a leer, escuchaba los sonidos cotidianos de los pasajeros, de la sobrecargo sirviendo las bebidas, pero algo me sacó de mi concentración en la lectura, ya conocía la sensación de una turbulencia, pero sentí algo que nunca antes había experimentado, el avión frenó en pleno vuelo, así es; esa fue la sensación como si el avión frenara en el aire para bajar la velocidad, levanté la mirada pero todo a mi alrededor seguía normal, así que regresé a mi lectura pero sentí como la sobrecargo corrió hacia la cabina, para posteriormente regresar presurosa por el carrito del servicio, aun así, yo no creía que algo anduviera mal con el avión; recuerdo haber pensado que la sobrecargo era nueva por que era muy joven y era muy extraño ver a una sobrecargo corriendo de lado a lado en pleno vuelo, de pronto la sobrecargo suspendió el servicio para hacernos el anuncio de que al avión se le había parado un motor, que tendríamos un aterrizaje forzoso en el aeropuerto más cercano, así mismo repitió las medidas de seguridad y señaló las posiciones para un aterrizaje forzoso, mientras esperábamos que el avión se acercara al aeropuerto más cercano yo sostenía con mi pie la mano de mi madre y mis ojos estaban fijos en su mano pero yo en realidad veía mi vida, es curioso ¿por qué será que cuando uno experimenta la sensación de un final necesitas hacer un recuento? De los triunfos, de los fracasos, de las alegrías, de las tristezas. Tal vez quisiéramos hacer un análisis de lo obtenido y ver si ha valido la pena. Si cumplimos con nuestros objetivos, al menos hasta ese día. Te voy a ser sincera, en esos momentos el tiempo aunque haya sido el suficiente, parece tan poco, honestamente yo no pensé que el final de mi vida fuese a llegar ese día ¿pero quien de nosotros sabe, cuándo llega ese día? Sentía mucho miedo, miedo a no saber que sigue y si yo había cumplido con mi vida hasta ese día, repasaba y repasaba a cada uno de mis seres queridos tratando de recordar cuales fueron mis últimas palabras para ellos, afortunadamente a varios les había dicho nos vemos luego, así que tenía que cumplir ¿no crees? Ojalá estuviera en nuestras posibilidades cumplir una promesa así, pero no todo es imposible hay algo que sí está en nuestras posibilidades, la manera en que nos conducimos con cada uno de nuestros semejantes incluso con nosotros mismos, esa sí es una promesa que estamos en posibilidades de cumplir, ¿Por qué esperar hasta el último aliento para decir, te amo, perdóname, estoy contigo, gracias? Son palabras que dejamos para el último momento, cuando debieran ser para el primer momento, creemos que es más importante nuestro sentir, nuestra razón, nuestra decisión, nuestra forma de ser, por esa y otras razones no expresamos o no dedicamos lo suficiente, pero en realidad son otras las razones, nos preocupa tanto el que dirán las demás personas de nuestro actuar, la debilidad que podamos mostrar al expresar nuestros verdaderos sentimientos que simplemente preferimos callar, o no actuar al respecto, pero cuando se encuentra uno en la última oportunidad, en el que podría ser el fin, necesitamos un final feliz, necesitamos desvanecer en la medida de lo posible todos los *hubiera*, sin duda nos preocupamos más por no quedarnos con ningún pendiente, ahora la ruleta ha girado y de pronto es más importante cómo te vas a sentir tú si no dices te amo, si no das un perdón, el que dirán ya pasó a segundo termino, ahora ya no es muestra de debilidad decir lo que sientes, ahora es una necesidad que te va a ayudar según tú, a tener un final feliz, pero ¿Por qué solo quieres un final feliz? Si puedes tener un principio feliz, un curso de vida feliz y tu final feliz, la clave ya la tienes, dejar de preocuparte tanto por el que dirán, pon toda la atención en ti, ¿cómo te vas a sentir tú por perdonar, por pedir perdón, por decir te amo? Eso es lo que realmente vale de la vida tú sentir y el sentido que le des, no esperes hasta el último momento, a que el tiempo parezca tan poco; normalmente yo soy muy expresiva pienso que la vida me enseñó a ser así, fácilmente de mi corazón sale un perdóname o te perdono, tal vez por que mi corazón practicó mucho con mi hermana pues cuando éramos niñas y como todo hermano reñías por cualquier cosa, la verdad es que no había otro hermano con quien seguir jugando, así que rápidamente preferíamos perdonar y seguir jugando eso era más divertido eso nos hacía felices, ahora que he crecido me doy cuenta que las dificultades a veces son más duras, que las circunstancias a veces duelen más, tanto, que difícilmente sale del corazón un perdón pero el resultado a pesar de las circunstancias de la edad, del tiempo que hayas dejado pasar, de lo difícil que ahora sea, el resultado siempre es el mismo, perdonar te permite seguir, es más divertido, eso hace más feliz, no dejes esa felicidad para el último.

La sobrecargo anunció el aeropuerto de Zacatecas como el más cercano, el aterrizaje se aproximaba, aunque turbulento, finalmente el avión aterrizó, y el tiempo, mi tiempo que parecía estar agotándose de pronto seguía, como una oportunidad más, como una indicación más, fortaleciendo mi fe, poco a poco los pasajeros comenzaron a bajar, de manera pacífica como si nada hubiera sucedido pero en cuanto llegamos a la sala de espera todos empezaron a telefonear a sus seres queridos, las lágrimas eran inevitables, yo también lloraba, también llamé a mis seres queridos, con ganas de gritar ¡estoy viva!

pero antes también lo estaba y en el ajetreo de la rutina se nos olvida, esperamos tres horas para tomar el vuelo que nos llevaría a Monterrey y abordé en él, rumbo a otra conferencia y con otra lección de vida gracias a la muerte.

CUANDO LLEGASTE TÚ

A veces, cuando menos te lo esperas, la vida te regala esa circunstancia que tu corazón siempre había pedido y que la hace dar un giro de ciento ochenta grados. Eso experimenté cuando conocí a Juan. Justo una semana después de haber rechazado la propuesta de matrimonio de mi ex novio, he de confesarles que mi corazón albergaba un enorme sentimiento de tristeza, ya que por decisión propia me había negado a vivir la experiencia del matrimonio. Vivía una serie de sentimientos encontrados que me confundían aún más porque, la verdad, me seguía pareciendo muy bello tener una pareja con quien compartir mi vida. Sin embargo, también tenía miedo de encontrar a alguien que de nuevo me rechazara por mi discapacidad, de encontrar a un hombre para quien fuera más importante el aspecto físico, en sí efímero, que la profundidad de los sentimientos. Y al mismo tiempo, experimentaba un auténtico sentimiento de tranquilidad: a pesar de tener tantas ganas de vivir el maravilloso momento de casarme, descubrí que era lo suficientemente sensata para saber que la magia de ese momento no radicaba tanto la boda en sí, sino en el amor que se siente por la persona que te propone compartir la vida. También comprendí que el amor que le tengo a mi profesión, a esta maravillosa misión de compartir mi mensaje cada vez a más y más personas, nunca llegó siquiera a atenuarse a pesar de las adversidades. La fuerza de esta vocación es tan grande en mí, que me aferré a esta actividad para superar el momento de ruptura en mi primera relación formal.

Pues bien, esta misma vocación me llevó a asistir a la cita de trabajo que tenía con el profesor Juan Medina, que estaba organizando un congreso con la finalidad de sensibilizar a varios grupos de alumnos universitarios con el propósito de que tomaran conciencia de la necesidad de integrar a personas con discapacidad a un ambiente estudiantil convencional. Se trataba de un proyecto motivador y ambicioso que exigía mucha sensibilidad. Por eso, pensé que el profesor Medina era una persona muy sensible, pues además de estar consciente de las cuestiones estructurales que había que cambiar en el país, en relación con la discapacidad, tenía la visión de trabajar en algo más trascendente: la actitud de la gente y qué mejor que la de los futuros profesionistas. Me encantó la idea de participar.

Encontrarme con Juan fue como reencontrarme con un amigo de vidas pasadas. Platicamos horas y horas. Muchas de sus ideas se entrelazaban con las mías, mientras que otras resultaban complementos de mis sueños, de ideas anteriores, de propuestas que ya había olvidado. Me causó un enorme alivio conocer a alguien así. Pensaba que las personas que no tienen discapacidad, como Juan, no podrían compartir el mismo ideal que nosotros, que no podrían sensibilizarse ante la necesidad de cambiar la actitud hacia la discapacidad.

Después de trabajar y compartir algunos pequeños proyectos, Juan y yo nos hicimos novios. En ese momento confirmé lo que tantas veces he creído: que todos tenemos un alma gemela y, para dar con ella, no debemos desviar el camino de nuestros sueños, de nuestros ideales. En esta lucha constante que es la vida, hay tantas cosas, tantas personas, situaciones y sentimientos confusos, que fácilmente pueden perdernos. El miedo a quedarnos solos, que nos orilla a buscar refugio al lado de alguien a quien en realidad no amamos; el miedo a cambiar, a estancarnos por algún fracaso; el no seguir luchando por algún sueño, el ir tras las convicciones de otros y no tras las propias; todos estos factores muchas veces originan que las almas gemelas no se encuentren. Me pregunto si al estar unidas en un plano fuera de este mundo estas almas se prometen ser lo suficientemente fuertes para luchar con amor imbatible, para no permitir que ningún espejismo desvíe la búsqueda de la otra mitad, en la próxima oportunidad que tengan de estar en la tierra. Espero haber encontrado en Juan a mi alma gemela. Pase lo que pase, creo firmemente en el amor, creo en su fuerza, la más grande de este mundo. No importa si este amor dura o no "para siempre" porque creo que la eternidad está en la intensidad de las sensaciones.

Después de todo, estoy agradecida con la vida por haber conocido el amor de una pareja, un sentimiento que francamente pensé nunca viviría. Y aunque alguna vez salí lastimada de la experiencia amorosa, no dejo de decirle a todos mis amigos que una herida de amor no es razón suficiente para privarnos del privilegio de amar y ser amado, que una herida de amor no justifica la búsqueda de venganza. Amar otra vez nos permite seguir creciendo, seguir realizándonos.

Quiero terminar esta historia de amor compartiéndote algo muy bello, algo que te alentará, que impedirá que te des por vencido si crees que ya ha sido muy larga la espera y muchas las heridas, algo que posiblemente describa la grandeza y el poder del amor, algo que la música, la pintura, la poesía y la escultura han intentado expresar más de una vez, algo en lo que estoy segura que coincidirás conmigo: no hay nada que inspire tanto como el ser amado. ¡Vive el amor sin temores, con pasión y con fe!

TOCANDO VELAS

Seguramente, alguna vez un amigo hizo por ti algo muy especial que recuerdas con mucho cariño, algo que, sin embargo, para él fue sencillo, tan simple, tan común, que ya ni se acuerda. Son justamente estos detalles los que construyen las verdaderas amistades, los que nos dan fortaleza, nos hacen crecer, nos cambian para bien.

Por mi discapacidad, mis miedos, mis limitaciones mentales las cuales poco a poco se han ido desvaneciendo, o por vergüenza, preocupación, por un falso concepto de lo perfecto, por ningún motivo me quitaba los zapatos en un lugar público. El qué dirán, me angustiaba sobremanera. Con el tiempo, descubrí que no sólo a las personas con discapacidad nos preocupaba lo que pensaran los demás de nosotros. Afortunadamente, entendí que nunca debemos anteponer nuestro crecimiento y felicidad a los comentarios externos: preocuparnos demasiado por ese "qué dirán" nos puede quitar extraordinarias oportunidades en la vida.

Hasta los veinte años, empecé a quitarme los zapatos en lugares públicos para hacer mis actividades cotidianas con mayor independencia. Además, descubrí la textura de muchas cosas y a tocar la vida de verdad.

En una ocasión, un amigo me invitó a la fiesta de graduación de un muy buen amigo suyo de la infancia. La fiesta inició como una velada parecida a muchas otras de este tipo. De pronto, todos los que compartíamos la misma mesa empezamos a comentar lo bello de los centros de mesa. Eran unas flores tiernas, rodeadas de una serie de velas de gel transparente, tan perfectas, tan cristalinas, que parecían de hielo. Era difícil que no llamaran la atención, pues parecían una perfecta conjunción de hielo —agua— y fuego, dos elementos que resulta imposible reunir. Sentí curiosidad de tocar esta fantasía, este hermoso arreglo que estaba puesto sobre una base muy alta. Todas las personas de la mesa, en medio de los comentarios halagadores para el adorno, sobre todo, para las velas, estiraban las manos para tocarlas y comentaban abiertamente las sensaciones inmediatas. Yo trataba de sentir lo mismo a través de sus comentarios y sin pedir permiso a nadie, sin ni siquiera imaginarlo, mi amigo quito una vela de la base y la bajó para que yo también la tocara. Mi corazón latía a mil por hora, nunca nadie había hecho algo así por mí, nunca había tocado una vela como ésa.

Resulta imposible olvidar un gesto tan bello, pues en él descubrí varias lecciones, entre ellas, sentir la textura de las velas de gel. Fue una sensación muy curiosa, porque cuando toqué la vela, temblando de emoción y nervios, descubrí que aquello que parecía hielo duro y frío, en realidad era suave y cálido. No cabe duda de que las apariencias engañan. Hay que darse la oportunidad de conocer realmente para no equivocarse. Así son las lecciones de la vida, de primera instancia, algunas podrían parecer frías y duras cómo aparentaba ser la vela, pero una vez allí, descubrimos una gran calidez, fruto de nuestras actitudes y las de las personas con quienes compartimos esos momentos.

Son tantas las lecciones que nos esperan en tan pequeñas, pero significativas acciones, que no queda otra opción más que disfrutarlas en grande. Sin embargo, habría que tener en mente que estos momentos no se producirían sin preparar previamente nuestro corazón para que sea valiente, para que esté atento; siempre tenemos que estar en la mejor disposición para despertar la inercia del destino a nuestro favor. Así, lograríamos que todos los proyectos que emprendamos resulten tal cual los queremos y planeamos. Si nunca hubiera tenido el valor de quitarme los zapatos en un lugar público para vivir mi vida con entera plenitud, nadie se hubiera tomado la molestia de ayudarme a conocer parte de lo que me rodea. Ésta es una manera tal vez simple, pero bella de explicar cómo, cuando decidimos y hacemos frente a nuestros miedos, siempre habrá alguien alrededor que nos llenará de fuerza para seguir.

Cuando nos toca estar del otro lado de la vida, cuando somos nosotros los que ayudamos, convendría seguir el ejemplo de mi amigo, que nuestra ayuda, por grandiosa que sea para la persona a quien se la ofrecemos, nos reconforte, nos haga sentir útiles, con ánimo de seguir ayudando, para que luego, finalmente, se desvanezca en el olvido. Este servicio perderá todo su valor si lo atesoramos en la memoria con la intención de que en algún día nos sea pagado o devuelto. Estas acciones deben estar guardadas en el corazón de la persona que recibió la ayuda, para que, al igual que yo, las recuerden como una fuente de fortaleza; para que confirmen que ha valido la pena enfrentar todo ese dolor, ese miedo, esa falsa percepción de lo que es perfecto; para seguir descubriendo más cosas y en verdad permitirse tocar la vida en todo su esplendor.

Tus recursos y tú, bienvenidos a la vida

Tuve la oportunidad de ver y escuchar a un grupo de jóvenes, que hacían música con todo lo que estaba a su alrededor, desde unos botes de aluminio hasta arena y muchas cosas más, ésta gran muestra de talento y entusiasmo reunidas me hicieron reflexionar en todas las cosas que necesitamos para lograr nuestros proyectos.

Muchas veces pensamos que posiblemente el tener una posición económica holgada, o el tener un buen físico, o tener muchos estudios o muchas "palancas", como solemos llamarles a nuestros amigos influyentes, nos permitirá lograr eso que tanto anhelamos; pero hoy quiero, a través de este ejemplo de música, compartirte que en la composición de nuestra vida lo único que necesitamos es lo que tenemos, no tienes que buscar más recursos, posiblemente te preguntarás: "¿Entonces por que a veces no logro mis proyectos?", lo que los jóvenes mostraban en cada canción que interpretaban era una gran energía y mucho ingenio, parecía que con sólo simple arena podían hacer música.

En la vida cuando queremos lograr algo es importante enfocarnos en nuestra energía y en el ingenio que se puede despertar cuando verdaderamente queremos lograr algo; recuerdo que una vez me platicaron que el abejorro físicamente no tiene un cuerpo aerodinámico, que sí sólo tomáramos en cuenta ese aspecto sería imposible que volara, pero científicamente se descubrió que la cantidad de energía que se desprende de su cuerpo es lo que hace que este pequeño animalito diseñado para no volar, vuele; entonces, si tú realmente tienes el deseo de lograr las cosas llena tu cuerpo de pura energía positiva y verás como poco a poco las cosas suceden.

En el escenario de la vida, la fachada o los instrumentos no importan tanto como los que actúan en él porque son ellos los que hacen que las cosas sucedan, observa a tu alrededor, busca en tus recuerdos y verás como todo lo que has logrado es por tu forma de actuar, a veces queremos encontrar un responsable por las cosas malas que nos suceden o por las cosas buenas que no nos suceden, pero en esta escena no hay nadie más que nosotros, nuestra energía y nuestro ingenio, tú y sólo tú eres el único responsable, de lo que suceda y deje de suceder.

En la búsqueda de maximizar nuestras posesiones materiales nos perdemos, olvidamos lo que realmente queríamos encontrar y eso genera que dejemos de obtener otros logros, el ritmo de la vida no tiene que seguir lo que nos rodea, así como en la música el ritmo de la vida tiene que estar al margen de los latidos de tu corazón.

Si quieres que algo totalmente ordinario se convierta en extraordinario, digno de reconocimiento, deja atrás los espejismos de los recursos necesarios, pon toda tu energía e ingenio, pero sobre todo sigue el ritmo de tu corazón y ¡bienvenido a la vida!

PURO AMOR PURO

Cada vez que tengo la oportunidad de dar una conferencia, la vida me regala una lección, alguna anécdota chistosa, algún amigo, algún paisaje. Así es la vida, siempre tendrá una forma de indicarnos que vamos por buen camino.

En uno de los tantos lugares de México que he visitado, hace unos años conocí a una mujer muy guapa. Me recibió con una cálida y amable bienvenida y se mostró preocupada porque había llegado con diez minutos de retraso. Pronto descubrí que estaba con una persona muy abierta con la que podía platicar fácilmente. Me dejó en el hotel y quedó de recogerme una hora antes de mi conferencia. Ya para entonces parecíamos grandes amigas. Me platicó de su familia, de todo lo que luchó de adolescente al perder a su padre cuando era aún muy joven y, así, me fue platicando hasta que tocó el tema de su vida amorosa, cómo había conquistado a su marido, y hasta me dio algunos *tips* para quitarle la timidez a la pareja, algo de lo que nos reímos en grande. Recuerdo que no dejaba de comentar que su marido era una gran persona, además de guapo y apuesto, lo que se complementaba perfectamente con su bondad y sentimientos sinceros. Era sumamente notorio que en realidad amaba a su pareja.

Llegamos al lugar y minutos después inició la conferencia. Entre los asistentes me llamaron inevitablemente la atención dos hombres cuyos rostros tenían señales de quemaduras profundas. Terminó la conferencia, nos despedimos y tomamos las fotografías de rigor con todo el que se acercó. Como casi siempre, fuimos los últimos en salir del salón. Mi nueva amiga me abordó otra vez para ir a cenar. Vi que se acercaba a nosotras uno de los hombres con cicatrices de quemaduras en el rostro y, ella muy emocionada dijo: "Mira, Adry, él es mi marido."

Rumbo al restaurante, él se fue en otro coche y ella me contó la historia: en un viaje realizado en unas fiestas decembrinas, la avioneta en la que viajaban tuvo problemas para despegar y explotó en el intento. La explosión las expulsó a ella, que estaba embarazada, y enseguida a su pequeña de tan sólo dos años. Su marido quedó atrapado por el cinturón y las llamas lo alcanzaron, casi pierde la vida. Por fortuna los médicos lograron salvarlo, pero su rostro y parte de su cuerpo quedaron fuertemente afectados por el fuego. También me platicó el duro proceso de recuperación que vivieron. Como su marido tenía que usar una máscara para evitar el contacto con ciertos elementos del aire, mucha gente los perseguía porque creían que era asaltante, por no hablar de que era objeto de casi todas las miradas.

Algunos hechos no muy alejados de mi vida me hicieron establecer una gran empatía con lo que me confiaba. Y entre cada idea, mencionó las palabras clave que los ayudaron a superar este gran reto. Cada vez que tenía oportunidad, ella le decía a su marido: "Pase lo que pase, por favor no te deprimas, yo siempre te voy apoyar, no me importa trabajar por los dos pero no te dejes caer", palabras cargadas de fuerza y valor que sacaron adelante a este gran matrimonio; palabras que estaban sustentadas en un amor mutuo, real; palabras nacidas de un enorme reto que los unió, y ante el cual nunca perdieron la fe ni se perdieron el uno al otro. Su historia nos demuestra que con puro amor se borran las cicatrices del alma y que es puro amor puro el que a ellos los une.

Cada vez que me acuerdo de ellos pienso en lo costosa que fue esa lección. Con sólo pensar en los gastos médicos y el tratamiento posterior podríamos imaginar una suma muy elevada de dinero, pero estaríamos olvidando el enorme gasto emocional. Y una vez que nos imaginamos el costo, lo más difícil queda por resolver, ¿qué puede pagar algo así? Porque el dinero no es suficiente. Un percance de tal envergadura implica echar mano de una prodigiosa riqueza espiritual. Mi pregunta sería, ¿dónde se consigue esta riqueza espiritual?

Después de lo mucho o poco que he vivido, he tenido la oportunidad de encontrarme con distintas historias en las que sólo la riqueza espiritual puede pagar facturas tan altas que la vida a veces presenta. Creo que todos estos casos coinciden en un punto, en la fuente de esta riqueza espiritual, que no es sino la fe en algo más grande que todos nosotros, la fe en un creador. La mayoría de los que han vivido casos sin solución aparente creen en la importancia de la unión familiar, en los momentos difíciles, en el amor indispensable a uno mismo y a los seres que nos rodean y, por último, están conscientes de que todo pasa, de que todo es temporal. Éstos son los elementos que constituyen el lugar perfecto para generar y guardar la riqueza espiritual. Un lugar difícil de encontrar, pero no imposible.

La pareja protagonista de este capítulo es un ejemplo a seguir en estos tiempos donde ciertas personas están unidas sólo por intereses materiales o atracción física. La desesperación de no llegar a una solución o a un acuerdo tan rápido como muchas parejas quisieran, hace que el amor dure solamente el instante que se vive en armonía, cuando en realidad la paciencia es la llave que abre el cofre de la eternidad, la que cura las heridas, la que hace que el amor perdure, la que te acompaña a hacer los sueños realidad, la que te da la calma que necesitas. Cuídala y foméntala. Si la paciencia acompaña al amor no sólo estarás bien un instante, sino muchos. Así, serás capaz de pagar cualquier factura que la vida te cobre, para que seas feliz y vivas sin deudas.

Polvo de estrellas

Hace un tiempo conocí a una mujer, ella se llamaba Paz, era una mujer alegre, muy trabajadora amorosa con sus hijos y con todas las personas que la rodeaban, le encantaban las fiestas, siempre vestía perfectamente combinada, le encantaba la música y por eso se sentaba todas las tardes a escucharla acompañándose de un té en medio de sus reflexiones. Ella fue una bióloga, creía fielmente en la teoría que señala que el oro de un anillo de compromiso, el hierro que compone la sangre de todo ser vivo, son elementos que nacieron en el seno de una estrella lejana y anciana y que han viajado por el cosmos, saltando de transformación en transformación, hasta nuestra naturaleza. Así se fabrica un universo, mediante la génesis de materia originada con base en reacciones nucleares.

Una tarde de septiembre a ella le fue detectado cáncer de pulmón, pero esto no fue razón suficiente para que dejara de vivir con alegría y de preocuparse por los demás; Paz dejó esta vida en noviembre de 2001 pero aun cuando ella nos dejó, sus palabras se escuchaban por medio de las letras que dejó plasmadas en cartas y las vivencias que dejó impregnadas en el alma de otras vidas.

Lo curioso de todo esto es que yo la conocí en mayo del 2002, pero no crean que es espiritismo o que tengo algún sexto sentido, eso amigos míos se llama trascender, a través de las palabras, del tiempo, del espacio, de la vida misma, eso se logra cuando uno deja una huella tan especial en las personas que lo rodearon a uno en vida. Yo pienso que un fin de vida es trascender, conocí a Paz a través de Juan cuando él habla de ella, a veces pareciera que es ella misma quien habla, pienso que el mayor logro de nuestra vida es que nuestras acciones tengan el alcance y la fuerza de hacernos permanecer vivos para siempre, sin embargo lo maravilloso de lograr trascender así tiene el lado difícil pues para las personas que tuvieron la fortuna de convivir en un plano físico con alguien así les cuesta mucho trabajo aceptar el hecho de saber que ya no la verán entrar por la puerta al final de la jornada, que ya no sentirás sus abrazos, ya no escucharán sus palabras precisas, y cada detalle tan peculiar que los distinguía como pasarte la toalla después de un baño, el saber que no está ni estará físicamente con nosotros esa es la parte difícil, vivir cada día con la ausencia de alguien a quien amamos como madre, como padre, como hijo, como hermano, como pareja es una tarea difícil pero no imposible, cuando alguien se siente triste por la pérdida de un ser amado yo siempre les digo esta es tu nueva discapacidad por que siento que nunca vas a decir qué bueno que se murió, lo mismo pasa con una discapacidad, en realidad nunca vas a decir: qué bueno que no tengo brazos, sin duda es algo que con el tiempo aceptas, pues gracias a esta situación que te toca vivir aprendes, puedes ser mas fuerte, valorar otro tipo de cosas y sobre todo pienso cuando decido compartir algo que pueda ayudar a los demás, a veces ni siquiera me acuerdo de mi discapacidad, a veces no sentiremos la ausencia de ese ser amado pero otras veces pareciera ser insoportable; yo comparto cuarto con mi discapacidad pero no le ayudo ni permito que me ayude, es decir no la tomo como un pretexto para librarme de las cosas que no quiero hacer o para tener un mal día, que la ausencia de esa persona tan especial no se convierta en tu mejor pretexto para estar triste, enojado, sin ganas de luchar, de sonreír, porque a nadie nos gustaría ser el pretexto de la tristeza de otros, en todo caso, quisiéramos ser el motivo de la alegría, que él o ella sigan siendo tu motivo para seguir adelante pues si fue alguien que nos quiso tanto como nosotros a ella o a él pues sin duda querrá vernos felices, a veces mi discapacidad se asoma en una ventana de mi vida y entra sin permiso, así pasa cuando extrañamos profundamente a alguien a quien amamos y ya no estará más con nosotros, ese dolor que experimentamos, aunque haya pasado el tiempo que sea, es válido, vívelo sin culpas pues de otro modo te sentirás triste porque no está y culpable por haberte sentido triste y será una doble carga, la de la tristeza y la de la culpa, por eso simplemente vive ese día de la manera que decidas, eso sí no te estanques en ese día porque estarías ayudando a tu nostalgia y será tu mejor pretexto para darte por vencido, y la vida no se hizo para darte por vencido, pues como decía mi amiga la bióloga Paz: "Somos polvo de estrellas y algo tan lleno de luz tan majestuoso como una estrella no puede darse por vencido sólo puede evolucionar." Esa persona que hoy tanto extrañas se te ha adelantado y ha evolucionado mas rápido que tú pero sigue estando aquí pues si somos polvo de estrellas entonces sólo tienes que mirar al cielo con el corazón para encontrarla, recuerda: siempre seremos polvo de estrellas.

¿SABES QUÉ SE SIENTE
TENER UNA DISCAPACIDAD?

Cada vez que me preguntan qué se siente ser una persona con discapacidad, siempre contesto con otra pregunta: "¿Has estado enamorado?" Sin lugar a dudas, esta respuesta resulta desconcertante. Pareciera que la discapacidad y el amor no se relacionan entre sí, pero si buscas en tus recuerdos y en tu corazón ese momento, justo ése en el que viste por primera vez al que creíste que era o que es el amor de tu vida, cuando hablaste por primera vez con él, cuando caminaste a su lado por primera vez, cuando te tomó de la mano por primera vez, cuando discutiste por primera vez con él, cuando sentiste unas ganas incontenibles de hablarle después de la discusión, a pesar de que tu mente te decía: no, mejor espera a que él te llame, si buscas en tu memoria, de seguro darás con muchas primeras veces inolvidables.

Es curioso que, a pesar de haber tantas y tan distintas personas en el mundo, los momentos amorosos sean tan similares. Cuando conoces a alguien que en verdad te gusta, las primeras conversaciones son realmente difíciles, los nervios no te dejan pensar con claridad, la lengua se te traba, las palabras se te revuelven. Con el tiempo y para fortuna nuestra, la relación va creciendo en confianza, los nervios desaparecen y sólo queda la conversación entre los dos. Y ni hablar de las primeras caminatas con la pareja, esos primeros pasos, difíciles de controlar, en los que tiemblan las piernas y te tropiezas más de una vez. Podía entonces decir que estar enamorado es vivir con la sensación de querer pensar con claridad y no poder. Es tener muchas palabras que quisieras compartir, pero que no puedes pronunciar. Es querer caminar y sentir que tus piernas no responden. Es querer escuchar y no poder hacerlo, es querer ver y no poder siquiera mirar.

Después de reflexionar en todos estos momentos, podrías descubrir que sí sabes qué se siente ser una persona con discapacidad. La discapacidad es algo así como el nerviosismo que se genera al estar enamorado, con la salvedad de que el amor podría ser temporal, pasajero, mientras que la discapacidad está siempre allí. Podrías llegar a sentir cierta desesperación al darte cuenta de la situación que vives, de lo que te falta por enfrentar y esto podría dolerte. Muchas veces, la gente que te rodea percibe estas dificultades más que tú; muchas otras, aprendes a percibirlas y a vivir con ellas, pero sería difícil negar el deseo de querer estar completo. Sin embargo, a veces me pregunto, ¿cómo aprenderíamos a ayudarnos los unos a los otros si todos fuéramos perfectos, si estuviéramos completos? De ser así, no necesitaríamos de nada ni de nadie y eso nos alejaría por siempre del contacto humano.

La discapacidad es también esa sombra que en ocasiones se asoma en el amanecer de algunas personas; esa sombra que podría oscurecer más el curso de la vida, pero que también podría refrescarnos si se asume con otra actitud, la de aceptar los retos, la de aprender a hacer las cosas de una manera distinta y, sobre todo, la de aprender a compartir y aceptar a los demás por su forma de amar, de entregarse a la vida y no sólo por su aspecto físico.

Con la reflexión sobre el amor quiero demostrar que más de una persona ha sentido, en mayor o menor grado, lo que es vivir con discapacidad, a pesar de que no hayan convivido con una persona que la tenga; a pesar de que crean que no tienen ni la menor idea de lo que es vivir así. Basta con estar enamorado para sentirlo. Y es aquí cuando se descubre que la discapacidad no es tan grave; que podemos compartir un mundo con experiencias similares, pero desde perspectivas diferentes; que sentirse enamorado no le quita a nadie la capacidad de soñar, de trabajar, de tener metas, es sólo un estado del alma. Lo mismo ocurre con la discapacidad, es sólo un estado físico. Las personas con discapacidad también soñamos con salir adelante, con ser felices, aunque a veces el cuerpo no responda, los sentidos no estén alertas y, día con día tengamos que aprender a equilibrar, a compensar nuestras limitaciones con otras capacidades, con otras libertades. Reconozco que, en cierta medida, una discapacidad puede restarnos parte de nuestra libertad. Sin embargo, hay muchos otros factores con los cuales complementamos esa libertad.

Estar enamorado no es malo, mucho menos un castigo de los dioses o el castigo a los errores de vidas pasadas. Una discapacidad tampoco lo es, por el contrario, constituye una experiencia que nos brinda la oportunidad de ver el mundo de una forma distinta, de encontrarle un mayor valor y sentido a la vida.

Así es como he aprendido a ver la discapacidad, ésta es mi forma de sentirla, y mi mayor deseo es que las personas con y sin discapacidad la perciban así, independientemente de los momentos difíciles, del dolor que pudiera ocasionar el amor o la discapacidad. Tan sólo quiero que sepas que, en realidad ni el amor ni la discapacidad generan las dificultades. Más bien, éstas nacen de la incertidumbre, de no saber si podremos llegar a cumplir todos esos sueños. Sin embargo, puedo decirte con toda seguridad que si tenemos una actitud positiva, si nos responsabilizamos al cien por cien de todas y cada una de nuestras decisiones y de las consecuencias que puedan ocasionar; si retomamos, pues, esta filosofía de vida, ninguna discapacidad será impedimento para que alcances todo lo que te propongas.

Rosa de princesa

La actitud es lo más importante para no simplemente pretender ser, sino ser lo que deseamos. En una de mis visitas al Centro de Cultura de la Discapacidad que Juan promovió en Morelia, Michoacán, conocí a una pequeña de cuatro años llamada Estefanía, ya saben lo que pienso, uno aprende de los niños cosas increíbles cuando menos se lo espera, y esta no fue la excepción. Pues bien, Estefanía se sentía algo aturdida por el ajetreo del centro, he de decirles que las terapias son muy difíciles y algo cansadas aunque son muy útiles, a la larga es una gran tarea para una pequeña de cuatro años; sin poderlo evitar, las lágrimas de Estefanía brotaban de sus ojos, tuve la oportunidad de acercarme a ella y decirle: "Oye, no llores más, mira te voy a mostrar lo que tengo en mi bolsa, es un cepillo de princesa, pero antes dime, ¿de qué color son los cepillos de las princesas?", ella sin dejar de sollozar y con el rostro agachado respondió: "Son rosas", de inmediato saqué un cepillo rosa, entonces le dije: "Mira también tengo una pluma de princesa" y le pregunté: "¿De qué color son las plumas de las princesas?", ella nuevamente sin dejar de sollozar y con el rostro agachado respondió: "Rosas", entonces le dije: "También tengo una cartera de princesa", le pregunté: "¿De qué color son las carteras de las princesas?", y con la misma actitud respondió: "Son rosas", en ese momento con expresión de sorpresa dije: "¡Oye tú tienes un vestido rosa! ¿De qué color son los vestidos de las princesas?", ya sin llorar me respondió: "Rosas", y dije: "¿Entonces qué eres?" Increíblemente ella levantó su rostro me miró y con entera seguridad me respondió ¡una princesa!

Muchas veces sólo hay que asomarnos a nuestra alma para ver lo que tenemos y descubrir quiénes somos en realidad, es una tarea difícil porque al igual que Estefanía a veces nos gana el cansancio de las grandes responsabilidades que nos corresponde vivir y las convertimos en el objetivo y olvidamos que son sólo el proceso que nos va a ayudar a lograr nuestros sueños, éstos son el verdadero objetivo, todos a lo largo del día tenemos que hacer ciertas actividades que no son del todo de nuestro agrado, sin embargo estamos conscientes de que son necesarias para lograr lo que deseamos, entonces ¿Qué nos puede ayudar a hacer más llevadero el proceso? Sin duda, nuestra actitud. Si durante el proceso nuestra actitud es de perdedor, de aburrimiento o de cansancio todas las tareas serán el doble de pesadas, muy distinta será nuestra situación si tenemos una actitud positiva y un buen ánimo frente a ellas, pero ¿Cómo mantener una actitud positiva cuando las tareas son tan difíciles? Bueno, pues primero que nada te lo tienes que proponer con entera conciencia a cada segundo, pues la actitud no es un truco de magia aunque produzca la magia de hacer las cosas más fáciles, es curioso por que sin buena actitud las tareas son complicadas, pero el tener una buena actitud es difícil. Aunque si los resultados son efectivos hacen más llevaderas y exitosas nuestras responsabilidades de vida, luego de esta reflexión, el cuestionamiento es claro ¿las responsabilidades de vida son innegables? Entonces ¿no es más sencillo proponernos una actitud positiva para llevar acabo nuestras tareas que por sí mismas ya son complejas? ¡claro que vale la pena intentarlo! Como todas las disciplinas, son difíciles de aplicar al principio, pero la práctica y el tiempo son de gran ayuda para que en el futuro la actitud positiva sea la única forma de vida.

Desde el sentido del humor

El sentido del humor es una de las características que, al parecer, nos identifica a los mexicanos. Siento que es una de nuestras cualidades más bellas y una de mis favoritas, porque no cabe la menor duda de que nos ayuda a superar problemas de cualquier tipo. Aprender a reírnos, incluso de nosotros, nos ayuda a descubrir nuestras fortalezas, a percibir con mayor claridad que aquello que tanto nos dolía, nos preocupaba, nos enojaba o nos generaba alguna emoción negativa, es solamente una vivencia más. Creo con fervor en la risa y en el buen humor como una de nuestras mejores herramientas para vivir. Movida por el interés de mostrarte el valor de esta herramienta y sacarte una sonrisa, escribí esta carta que podría dar cuenta, en algunas hojas, de mi vida y del estado de ánimo con el que voy por ella.

Carta de Adriana Macías para el mundo, espero que caiga en buenas manos

- El nacimiento de un bebé siempre se espera con mucha alegría y expectativa, pues se cree traerá abundancia en todo sentido. Incluso, hay un dicho que reza: "Todo recién nacido trae una torta bajo el brazo". Sin embargo, cuando yo nací, no traje ni torta ni brazos. Supongo que posiblemente tenía mucha prisa por vivir.

- Desde que tengo uso de razón mi vida ha sido algo extraña. La verdad es que muchas cosas aún no me han quedado claras. Todo este malentendido inició en el kinder: en cuanto llegué, vi a muchos niños de la misma edad que yo, y me dije. "¡Esto será divertido!", la persona adulta que yo veía al frente y que luego me enteré que era la maestra, explicó por qué estábamos tantos niños allí reunidos y las actividades que realizaríamos en ese lugar. En cuanto terminó, nos dijo: "Es normal que se sientan algo raros y que tengan dudas, pero yo estoy aquí para aclarárselas". Luego dijo que, para mantener el orden, era importante que levantáramos la mano si queríamos preguntar algo. Por supuesto que me quedé con todas mis dudas.

❧ En la escuela nos enseñaron muchas cosas, por ejemplo, a leer y a escribir. Por fortuna, escribo, aunque la letra manuscrita de plano no se me da.

❧ Después vino nuestra primera excursión. Yo estaba muy emocionada, iba preparada para todo. Supuse que sería una experiencia inolvidable y así fue. Justo cuando estábamos en la puerta de la escuela la maestra dijo: "Quiero que tomen la mano de su compañero para que no se pierdan." Mi compañero y yo nos perdimos y fue cuando descubrí que estaba hecha para vivir una serie de *patoaventuras*.

❧ Conforme avanzaba en la escuela, las actividades se multiplicaban, pero sólo para los demás, muchos profesores exigían que entregáramos las tareas a mano. ¡De la que me salvé!

❧ Llegó el momento de aprender las tareas del hogar. Mi abuela enseñaba a todas sus nietas las labores propias de la mujer. Sabía hacer muchas manualidades, así que siempre estaba ansiosa de enseñárnoslas, pero a mí siempre me mandaba a jugar futbol. Siempre supo que sólo servía para hacer las cosas con las patas.

❧ Me encanta maquillarme, es una de las cosas que más disfruto y, aunque nunca pude darme una manita de gato, trato de verme bien en cualquier lugar y circunstancia.

❧ Siempre tuve muy buenos amigos que vieron la forma de ayudarme, claro, en la medida de sus posibilidades, ya que nadie estaba dispuesto a echarme una mano por temor a que les fuera a pedir la otra. Así que siempre traje las pilas bien puestas para trabajar duro, pero debo confesar que nunca trabajé a brazo partido, solamente lo suficiente. Eso sí, nunca me verás de brazos cruzados.

༷ Mi familia siempre me ha apoyado y es muy unida, aunque yo nunca le haya echado la mano en nada, la he apoyado en todo sentido. Mi familia también me enseñó que es importante dar amor a manos llenas. Aunque no lo pueda hacer de esa manera, he aprendido a hacerlo con el corazón abierto.

༷ Desde muy pequeña entendí que debía estudiar una carrera, pues nunca podría trabajar como mano de obra. Así, me vi en la necesidad de desarrollar a toda costa mi intelecto. Fue muy difícil llegar a la universidad, bueno, a cualquier lugar al que tenía que ir sola, pues cuando pedía orientación en las calles la gente muy amable me decía: "Es muy fácil, aquí todo derecho y a mano izquierda da vuelta y luego sígase todo derecho". Siempre me perdí.

༷ Después pensé en comprarme un auto, pero algunos me decían que no me convenía porque me sería imposible maniobrar en caso de emergencia y en cualquier otro caso, pero otros me decían: "¡Cómpralo! De todas maneras manejarías igual que todas las mujeres, es decir, con las patas." Finalmente lo compré, lo malo es que nunca puedo quitar el freno de mano.

༷ Tuve la mala suerte de que me asaltaran en la calle, aunque yo pensé que esto nunca me ocurriría, pues, ¿qué haría yo cuando el asaltante dijera: "Manos arriba"? Aun así sucedió y declararon al ladrón inocente. Alegó que el sólo me había pedido un préstamo y que yo había estado de acuerdo en dárselo porque ni las manos metí.

ॐ Después me compré un súper celular carísimo. No me importó el precio, no me duele el codo a la hora de comprar cosas caras. Además, era de manos libres. Pero a la mejor el mío salió defectuoso porque por más que me llaman y me llaman no veo que le salgan las manos libres por ningún lado.

ॐ Tuve mi primer novio hasta la universidad porque no pude tener novio de manita sudada. Pero terminó conmigo porque no le daba nunca un abrazo. Afortunadamente, ya tengo otro novio y, aunque no me queda como anillo al dedo, no le importa que no le dé abrazos, siempre y cuando él sí me los pueda dar. Sigo con la esperanza de casarme algún día, pero no sé si me pueda comprometer, él nunca podrá pedir mi mano. En fin, será algo que resolveré en su momento.

ॐ Desde hace casi cinco años, me he dedicado a dar conferencias. A petición de las compañías que me contratan, mi mamá siempre me acompaña cuando viajo en avión, pues temen que pierda el vuelo por no traer el pase de abordar en la mano. Además, siempre tengo que documentar todo lo que traigo conmigo porque no tengo equipaje de mano.

ॐ En las conferencias me pagan antes o después del evento, pues no es importante ni para ellos ni para mí quedar a mano. Las personas confían en mí porque saben que conmigo no habrá mano negra.

ॐ Al principio me preocupé por el mundo, pero después descubrí que no estaba en mis manos salvarlo. Eso no quiere decir que sea mala, pues recuerden que juego de manos es de villanos.

ॐ Después de todo, sé que la vida es algo maravilloso. Algunos me preguntan como es posible que sea tan optimista, a pesar de las dificultades que vivo. De antemano, se sabe que una discapacidad es difícil de enfrentar, pero para mi fortuna, nunca lo sabré así: de antemano. Sólo sé que, ¡GRACIAS A DIOS VIVO!

No me encontrarás en una tienda de guantes, pero te escribo de nuevo la dirección de mi sitio en Internet, donde con seguridad me vas a encontrar: www.adrianamacias.com

Ésta es la carta que refleja con mayor precisión quién soy. Espero que estés siempre dispuesto a encontrar el lado sonriente de tu vida y de los demás. Esto te hará mejor persona, te permitirá disfrutar todo con mayor plenitud, así como bromear y relajarte en un momento de tensión.

Recuerdo que una vez tenía prisa por salir y necesitaba envolver unos paquetes. Mi mamá, como siempre ayudándome, se me acercó, pero era tanta la prisa, que se nos hacía todavía más difícil envolverlos. En un descuido, mi mamá dijo: "Si quieres déjame, yo sola los envuelvo, porque aquí entre tantas manos no se puede". "Ya lo sé, mamá, por eso mejor te ayudo con los pies". Nos reímos con ganas y terminamos de envolver ya sin tanta apuración. Creo que siempre encontrarás la oportunidad de ver el lado positivo y humorístico en cada momento difícil que se te presente. Es una actitud que hay que practicar hasta que llegue el maravilloso momento en que se convierta en algo cotidiano. Haz la prueba y verás.

Lo que encuentro en cada carta

Las cartas son bellas. Nos permiten expresar nuestros sentimientos con plena intimidad, sin inhibiciones. En ellas encontramos ocasión para desahogar todo lo que guardamos en nuestro corazón, lo que plasmamos como amor, dolor o sueños. De las cartas siempre esperamos respuesta, que puede o no llegar, una respuesta que a veces nos mantiene en una espera sin fin. No cabe duda de que las cartas que recibimos también tienen el poder de despertar sentimientos en nosotros. Creo que escribir cartas es uno de los legados que los tiempos modernos nos han permitido retomar, pues en su momento, el teléfono cambió por completo la forma de comunicarnos a distancia y, ahora con el correo electrónico, volvemos a tener la oportunidad de escribirnos a desde los más remotos lugares.

Cada vez que leo alguna carta que tan amablemente alguien me envía o me entrega en persona en alguna conferencia, descubro a la gente platicándome sus sueños, sus miedos, los momentos duros, los problemas que están tratando de superar. Desde aquí, pareciera que en estas confidencias sólo veo las dificultades, las sombras que a veces persiguen nuestros sueños, pero, contrariamente a lo que pudiera pensarse, en esas cartas encuentro una fuente de inspiración en mi vida. He descubierto que, independientemente de las circunstancias que pudieran abrumarnos, todos tenemos la esperanza de que, al leer nuestras cartas, alguien más se identifique con nuestros más sinceros sentimientos; de que puedan encontrarse puntos de contacto y de unión para dar con la solución a cierto problema o tan sólo para motivarnos y llenarnos de la fortaleza necesaria.

Quisiera compartirte algunas de las cartas más bellas que he recibido. Una de éstas tal vez sea la tuya. Si es así, ahora ya sabes que tu carta si llegó a mis pies y, lo más importante, que también encontré en tus cartas la fortaleza que pretendías encontrar en mis respuestas.

Hola, ¿cómo estás? Espero que muy bien. Mi nombre es Laura y vivo en Salamanca, Guanajuato.

Tengo 17 años y curso el sexto semestre de la preparatoria. Te conocí por medio de la televisión en un mensaje que diste, y desde de ese día trato de ser como tú, siempre viviendo positivamente e intentando no dejarme vencer. Desde hace como un año y medio estaba tratando de tener contacto contigo, pero nunca se podía abrir tu página, hasta que al fin pude y ésa es la razón por la que te escribo.

Quiero estudiar derecho, pero no me siento con la capacidad de seguir adelante, pero debo de hacerlo porque me pongo a pensar en las injusticias y la discriminación que vivimos en este país, y creo que si estudio esto, de alguna manera podré ayudar a la gente.

Me gustaría que me escribieras para conocerte un poco más.

Bueno, me despido porque te escribo desde la escuela y pronto entraré a clase.

Con cariño
Laura Edith

Adriana:
Gracias, por enseñarme las maravillas de la vida. ¿Sabes?, me considero una persona optimista, un optimismo que tengo en realidad muy poco tiempo de haber descubierto. Estaba enojada con la vida, incluso, un día renegué de Dios, pero ya le pedí perdón. Hace cuatro años, Él me dejó incapacitada para hacer las cosas como siempre lo había hecho, por mí misma. Ya comprendí que es una gran prueba, que, bendito sea Dios, he aceptado a vivir con esclerosis múltiple. Me considero optimista y sé que cabe la posibilidad de que algún día él decida quitarme la inmovilidad de alguna parte de mi cuerpo. Sin embargo, al verte y escucharte es como si me inyectaran algo que me

hacía falta, es aceptar que el miedo es parte de uno y que lo importante es actuar para vencerlo. Me seguiré preparando para enfrentar la vida y la esclerosis múltiple. Si un día llega ese momento, siempre ocuparás un lugar en mi mente.
Anónima.

Adriana:
Me puse nervioso frente a tanta gente, pero quería decirte que tu historia es aplicable a todos nosotros porque todos alguna vez hemos sentido que no tenemos nada.
Atentamente
El de la camisa fosforescente, con el mismo sentimiento, pero sin tanta gente.

Adriana:
El día de ayer, muy molesto, completamente cansado, agotado por el camino del viaje y con un hambre atroz, nos dieron la noticia de que teníamos que escuchar una conferencia de una mujer de quién sabe dónde; pues "sabrá Dios", pensé. Nos hablaron de muchos de los logros que ella había obtenido, y en medio de esta situación, yo les dije a todos los que estaban cerca de mí: "Ahí nos vemos. Mugre vieja, qué nos va a enseñar". Y alguien por allí dijo: "¡No!, ¡vean quién es! ¡Es Adriana!"

Pensé que en el mundo existían mil Adrianas, que una más no haría la diferencia, y Dios me calló la boca, cuando vi al escenario y percibí a una mujer que estiraba el pie para subirlo a la mesa. No hice otra cosa más que bendecir a Dios por existir y pedirle perdón por lo que había dicho. Y más aún, al escucharte, entendí, me dejé llevar por el sentimiento del momento y no había apreciado lo grande que estaba a mi lado. Lloré todo el tiempo como un chiquillo, cada vez que volvía a ver mis manos, le pedía perdón a Dios por todo el daño que con ellas había causado y le pedía que bendijera abundantemente tu vida, tu persona, tu valentía, tu decisión, tu entrega y, sobre todo, tu grandísimo corazón.

A ti, Adriana, te pido me perdones por pensar así y te digo que eres una magnífica mujer, llena de Dios, llena de verdad, llena de Adriana. Cuántos no nos ahogamos con un problemita (como te lo dijeron) y tu nos diste muestra de lo grande que podemos llegar a ser. Igual que el padre Urbano, te digo que pensé: "Si no fuera lo que soy, correría a decirte que me apuntes en tu lista: eres bella, porque simplemente eres Adriana."

Y, ¿quién soy yo? Un hombre que pensaba que todo lo había logrado, pero que en ese momento se dio cuenta de que sólo se estaba engañando a sí mismo, porque hay muchas cosas que no deja ver, como el miedo que embarga por no saber que será de su vida ahora que se entregue completamente para recibir el don del sacerdocio. Sí, Adriana, soy un joven que el día quince de agosto recibirá la imposición de manos del obispo para recibir el don del sacerdocio, y yo creía que eso era todo. Recordé mi primer amor al llegar al seminario hace ya diez años, ayudar a todo el mundo, servir a mis hermanos y ver siempre por el necesitado y, sin embargo, no me quería ayudar a mí mismo.

Escucharte hablar y saber de ti, descubrir tus sueños, el por qué vivir, fue como un gran motor necesitado de aceite para seguir caminando, y la sacudida que nos diste fue grande. Si amiga, fue grande porque no importó todo lo que estaba sintiendo en esos momentos, me sacudiste, me hiciste recapacitar y, sobre todo, me hiciste ayudarme primero a mí para así poder ayudar a todos los demás.

Mil gracias, de todo corazón, mil gracias por la gran lección que me diste y que estoy seguro que viene de Dios, porque eres una mujer llena de Dios, que ama a Dios y que da testimonio con todo su ser de Nuestro Señor. Gracias por existir, gracias por estar entre nosotros, gracias por no querer sentirte diferente, gracias por que eres Adriana.

Yo soy Rafael, quien como te dije, quiso entregar su vida al servicio de Dios y que descubrió que aquí era donde Dios le pedía estar; que ha sufrido mucho por entender por qué la vida es así, porque las cosas tienen que ser así y que esta gran mujer nos ha dejado ver con esas palabras sencillas.

Siempre soñé con alguien especial que debería de estar en mi ordenación y Dios me lo concedió. Tú, Adriana, estarás allí, porque ahora eres alguien especial para mí. No eres una artista (como yo lo esperaba), no eres la mujer más rica del mundo, no eres una gran política, no eres una princesa, no eres una Miss Universo, no. Tú simplemente eres Adriana y estarás en mi ordenación sacerdotal, porque Dios cumple lo que promete.

De todo corazón te digo que espero que, por lo menos en tus oraciones, yo esté presente ese día contigo, que te acuerdes de este nuevo amigo que recibirá algo muy grande de Dios y que estemos juntos en lo espiritual. Yo sé que sería mucho pedir que estuvieras presente, porque tú ni siquiera me conoces o sabías que existía, pero si te decides, te espero el próximo quince de agosto del presente, en la catedral de Cuernavaca, Morelos, a las once de la mañana, para participar juntos en este gran acontecimiento de mi vida.

Que Dios te siga bendiciendo abundantemente, y nunca te canses de hablar de Adriana.

Te quiere,

Rafa Vences

Diácono.

P.D. PERDÓN POR EL ATREVIMIENTO, PERO NECESITABA ESCRIBIRTE.

Adriana:

¿Sabes? Me gustaría ser tu amiga cibernética. La verdad es que estoy muy asombrada, a pesar de tu problema, siempre andas sonriendo, cuando hay muchas personas que por un sólo problema se amargan y nunca se ríen. Hace ocho años me hicieron un transplante renal, no sabes cómo me ha costado aceptarlo porque lamentablemente engordé, pero le he pedido tanto a Dios que me ayude, que ya lo he aceptado. Actualmente, estoy estudiando cuarto semestre de contabilidad y tengo veintitrés años. Hay tantas cosas que quisiera decirte, pero creo que si te las digo te daría toda una libreta.

Tuve la oportunidad de acudir a una de tus conferencias, en días pasados, cuando estuviste en Ciudad Victoria. Quisiera darte mis más profundas felicitaciones y agradecerte por haberme hecho recapacitar y darme cuenta que tengo muchas cosas, muchos sueños, pero, sobre todo, mucho amor que dar a las personas que amo. Gracias, porque me hiciste darme cuenta que no es suficiente desear algo con fervor; hay que hacerlo realidad; que las cosas no caen del cielo, sino que hay que luchar por ellas. En verdad. Me impresionó pensar que muchos de los que tenemos un cuerpo completo no seamos capaces de luchar por algo que anhelamos. Sin embargo, tú tienes toda la fuerza que a nosotros nos falta para ser felices. Tienes la fortaleza para levantarte y volverlo a intentar. Realmente, te agradezco que me pusieras muchas cosas en perspectiva. Entré a tu conferencia como una persona normal y salí de allí gritándole al mundo lo feliz que soy. Salí como una persona más consciente de mí, de mis sueños y de lo que amo, y, sobre todo, salí profundamente agradecida con Dios y con la vida por todo lo que me ha dado, y por haberme brindado la oportunidad de despertar ese día y escucharte. Si no lo hubiera hecho, probablemente seguiría en el mismo hoyo. Por último, quiero felicitarte y desearte lo mejor. Espero tener la oportunidad de asistir a otra de tus conferencias, realmente me gustaría mucho.

Gracias y mucha suerte.

¿Qué tal? ¿Encontraste tu carta? Tal vez no sea la tuya, pero es increíble cómo nos sentimos a veces identificados en las letras. Para mí es difícil ver sólo una redacción, una historia más o simplemente un párrafo. En cuanto leo este tipo de cartas, de inmediato mi mente empieza a dibujar al autor o la autora de la misma, y los sentimientos empiezan a fusionarse en uno solo. Este capítulo es un homenaje a todas esas cartas que han hecho el favor de escribirme y, más que nada, a todos esos sentimientos que estos autores han decidido compartir. Ahora tienes la certeza de que tu carta sí llegó a mis pies y de lo que despertó en mi corazón.

Yo siento que a pesar de las dificultades que enfrentamos, de la edad que tengamos, de la mucha o poca experiencia que hayamos ganado en la vida, siempre habrá consejos universales que no es sencillo seguir de inmediato, ya que implican esfuerzo, preparación y mucha disposición de nuestra parte. Sin embargo, estoy segura de que si van tras los buenos consejos, los resultados serán siempre buenos. Por eso decidí escribir esta breve carta para ustedes.

Queridos escritores:

Realmente me llena de emoción leer sus cartas. Trato de contestar con mucho gusto todas las que recibo, aunque a veces no me es posible. Sin lugar a dudas, leo todas y cada una y, ¿saben una cosa? En algunas ocasiones, me he sentido exactamente igual que ustedes. Por ejemplo, ante lo desconocido la incertidumbre nos embarga de tal manera, que creemos que lo que somos no resulta suficiente para alcanzar nuestros sueños. La ventana del mundo a la cual nos asomamos todas las tardes o en las noches, unas veces por diversión, otras por ocupar nuestro tiempo, nos muestra imágenes difíciles de superar, o visiones cargadas de ánimo, pero ninguna con una respuesta concreta a las dudas que tenemos. Pero, ¿saben que un ser humano es tan grande como sea su sueño? Por eso, no tengas ningún temor en soñar en grande, pues eres el ser perfecto para protagonizar ese sueño. Si buscas en tu corazón y en él encuentras muchos deseos, sueños y anhelos, es porque sin duda tienes la capacidad de hacerlos realidad. ¡Si los puedes soñar los puedes cumplir! Los momentos difíciles no se harán esperar. A veces, la vida nos pone distintas pruebas que pueden tomar la forma de una enfermedad o tienen rostro de proyectos fallidos. Otras veces aparecen bajo la cara de una desilusión amorosa, de soledad, mientras que otras, se dejarán ver como la silueta de la muerte de un ser querido. Sin embargo, no percibas estas pruebas como un obstáculo o como un enemigo, percíbelos como maestros de los que puedes aprender en momentos adversos. Toma de ellos toda la fortaleza que puedas para seguir adelante y, cuando lleguen algunos logros, descansa en ellos, pero, a pesar de que te sientas cómodo o satisfecho, no eches raíces ahí. Eso te quitaría la oportunidad de seguir anotando más logros. Y siempre recuerda que no estás solo; trata de apoyarte en tu familia y trata también de darles todo lo que te gustaría que ellos te dieran, pues no tenemos nada más preciado que la familia. Si algún día piensas que no te tocó un buen hogar, pregúntate qué hiciste para que fuera así y de inmediato trata de rescatarlo, pues aunque seamos los pequeños del hogar, nosotros también podemos ayudar y contribuir a que sea cada día mejor.

No temas pedir ayuda. Recurrir a otros no es sinónimo de debilidad, al contrario, quiere decir que has entendido la verdadera razón por la cual estamos tantas personas en este mundo: para ayudarnos los unos a los otros. La vida es un equilibrio así que nunca pidas a otros que hagan por ti lo que puedes hacer por ti mismo y, lo más importante, recuerda que Dios nos dio a todos una misión y un cuerpo perfectamente equipado para llevarla a cabo. No lo defraudes, para que, al final de tus días, no llegues con el alma vacía de logros y acciones amorosas. Apóyate en él cada vez que te sientas débil, desprotegido, confundido, sin respuestas o sin amor. Por fortuna, también nos dio libre albedrío para disfrutar nuestra vida y enriquecerla de la forma que queramos, la vida no ofrece un manual a seguir, ofrece posibilidades.

Queridos escritores, es mi mayor deseo que logren ser todo lo que un día soñaron ser, tal cual lo han imaginado, ¡GRACIAS! Por grandes seres como ustedes, yo he seguido mi lucha; ustedes son mi fuente de inspiración para superar día con día mi reto. Han de saber que cuentan conmigo para siempre, pues desde que me tocó leer parte de su vida, forman ya parte de la mía. Están y estarán para siempre en mi corazón.

Un fuerte abrazo, con todo mi amor.

Adriana Macías.

Una reconciliación con las sombras

En la Navidad del 2002 mi gran amigo Jesús me invito a una reunión familiar con motivo de las fiestas decembrinas y ahí tuve la oportunidad de conocer a su hijo, un joven músico y compositor llamado Alan, muy inquieto y lleno de sueños como la mayoría de la gente que se dedica a expresar el arte. Ese día, algo afónico por la temporada, cantó algunas canciones que nacieron de su inspiración. Fue una grata sorpresa oír a todos los miembros de la familia coreando gustosos y, muy emotivo ver que sus hermanos y sus papás lo apoyaban, pues se sabían la letra de sus canciones.

Algunas veces me encontré a Alan en el despacho, pero siempre andaba corriendo, muy ocupado en su vida y, para ser sincera, algo evasivo. Cada vez que yo llegaba él sólo se quedaba unos minutos, para después despedirse. Con el tiempo, las reuniones ocasionales y la relación tanto de amistad como de trabajo con Jesús, hicieron que Alan y yo nos conociéramos más y, una tarde, mientras los rayos del sol caían sobre la alfombra y disfrutábamos nuestro vicio de comer chocolate, me dijo:

¿Sabes, Adry? Un día soñé que tenía un grave accidente y que perdía mis manos. En mi sueño me veía postrado en una cama de hospital, con los brazos vendados y mi guitarra recargada en una silla a un lado de mi cama. Era tan desesperante la sensación de ver ahí lo que más amo, sin poder agarrarlo, que desperté muy asustado, muy triste. En ese momento, y cada vez que recordaba ese sueño, pensaba: "¡Perder mis manos sería lo peor que me podría pasar!", porque ya no podría hacer lo que más me gusta. Tiempo después, mi papá me platicó de ti. Me dijo que eras una joven con discapacidad y que ahora trabajarías en el despacho con él. Yo sólo recuerdo haberle dicho: "¡Ah! ¡Qué padre que se haya superado!", cuando me avisó que llegarías a la reunión de aquella Navidad, entré en una especie de confusión. Para empezar, ¿cómo te iba a saludar, Adry? Cuando llegaste, nada más pensaba en distraerme para no incomodarte con mi actitud, porque por primera vez, mi peor pesadilla estaba parada frente a mí y, no sólo eso: mi pesadilla mostraba ser feliz. Ese impresionante contraste entre la luz y las sombras no existía en mi vida, porque aquel sueño había dejado una estela de dolor, de desesperación. Yo pensaba: "Sin lugar a dudas, en algún espacio de su corazón, Adry debe guardar las sombras de estos sentimientos." Y para serte franco, tenía miedo de acercarme a ti. Con el tiempo fui entendiendo que no te tenía miedo a ti, sino a mi reacción ante tu circunstancia. Tenía miedo de no hacer más música, miedo a mi pesadilla. Un día llegué a recoger unas cosas a la oficina y apareciste tú, con tu portafolio colgado al hombro. Te saludé y te ofrecí ayuda, pero tu respondiste: "No, no te preocupes". Mientras me platicabas quién sabe qué tanta cosa, pusiste el portafolio en el piso, sacaste la computadora, la conectaste y la prendiste. Yo pensé: Adry no necesita ayuda para hacer sus cosas. Cuando te encontré en *messenger*, me sorprendió que contestabas muy a tiempo, entonces recordé todas las pérdidas que he sufrido en la vida, así como mi actitud. Sentía esa pérdida, las molestias emocionales o físicas que me causaba, pero no me detenía ni marcaba mi felicidad ni mi tristeza y, entonces, encontré la respuesta al acertijo, si pierdes algo, aceptas la pérdida y buscas la manera de sustituirlo para seguir con tus sueños. En ese momento empezó nuestra amistad.

Pocas veces en la vida tenemos la oportunidad de encontrarnos con nuestra pesadilla feliz y, no sé si decir, afortunada o desafortunadamente, porque si somos inteligentes y sabemos rodearnos de las personas adecuadas, encontraremos la manera de enfrentarlas. Tienes razón, mi querido amigo, sufrí la pérdida, mucha o poca, no sé medir cuanto sufrí por no tener brazos, por darme cuenta de que nunca los tendría. ¿Que si me dio miedo? ¡Claro!, el mismo que tú sientes ante un posible fracaso. Sentí miedo ante la incapacidad de hacer muchas cosas, ante la incapacidad de no concluir la nota de mi vida y, también seguí mi camino como tú. Seguí adelante guiada por la esperanza, la ilusión de un desenlace feliz, como hacen muchos, y sin querer, resolví el acertijo igual que tú: con tiempo y paciencia. Cuando uno sufre una pérdida debe darse un tiempo para sufrirla, tal vez, para desahogarla y tirar todas las lágrimas que nos pesen, pues el camino aún es largo. Después, nos acoplaremos encontrando una forma distinta de hacer las mismas cosas, nos adaptaremos a esta nueva experiencia. Con el tiempo, llegarán los logros y el olvido de aquel dolor.

Si al platicarte esta experiencia tú, estás viviendo este proceso, no te sientas sólo o incomprendido. La verdad es que todos hemos estado asustados ante la presencia de nuestras pesadillas y, así como Alan me dijo: "Ahora, Adry, me doy cuenta de que si perdiera mis manos, mi amor por la música sería la antorcha que me iluminaría para encontrar el camino, para seguir haciendo música, para ser feliz".

Así es Alan, depende de ti que las pérdidas de la vida sean sólo fe de erratas o graves errores. Es nuestra actitud la que les confiere el grado. En la vida, al igual que en la música, no hay errores, sólo distintas formas de crear.

Si hoy tú decides ser valiente, sigue adelante y busca en tu corazón todo aquello que te llene de amor, porque esto es lo que iluminará el sendero para encontrar el camino hacia la reconciliación con las sombras.

¿Qué sigue en la vida?

Mi más grande sueño es seguir en este maravilloso mundo de las conferencias, éste es mi mejor lugar. Cuando estoy dando una conferencia soy y puedo ser mejor, pues no sólo comparto un mensaje de fe y de amor con el fin de ayudar a todo aquel que me escucha, sino que, además, aprendo la importancia de fundar nuestra misión en el servicio a los demás, en buscar un mundo mejor, en encontrar una enseñanza en cada una de las historias que conozco. Seguiré tocando y abriendo puertas con este mensaje. No desistiré porque creo en este compromiso, en esta lucha. Sé que si quiero estar aquí, tengo que prepararme y es por eso que los libros, consejos de mi familia y mis buenos amigos serán mis compañeros en esta aventura. Espero que por medio de estas palabras tu corazón te reitere lo fuerte que eres, que te recuerde todas las maravillas que te rodean, que así como yo, siempre te fijes metas concretas, metas profesionales, espirituales, emocionales o físicas, metas en las que la regla es la misma, cumplirlas, a corto o a largo plazo.

Espero estar muy cerca de INCLUYE A.C., para siempre y que un día no muy lejano logremos incluir a las personas con discapacidad al cien por ciento en la sociedad.

En el ámbito espiritual, estaré trabajando día con día para fortalecer mi fe, porque es ella la que nos ayuda a enfrentar los momentos más dolorosos y difíciles. De ti depende que sea así.

Espero, sin duda, casarme y formar una familia, vivir el maravilloso reto de ser mamá. Sé que será difícil, pero esa experiencia no me la perderé, pues los hijos son una bella forma de trascender, de vivir para siempre, de inculcar los valores que nos inculcaron, para así tener un mundo mejor.

En cuanto al aspecto físico, considero que es importante cuidar nuestro cuerpo externa e internamente, pues recuerden que es el maravilloso medio de transporte que nos llevará al logro de todas nuestras metas, y para ello, debe de estar en óptimas condiciones.

Fue un placer compartir contigo cada sueño, cada reto, cada desilusión, cada ilusión, cada fracaso y cada triunfo. Deseo de todo corazón que este libro te sirva de inspiración para lograr eso que tanto anhelas o para ayudar a los demás. Compartir esta gran aventura con cada uno de ustedes fue uno de uno de esos grandes sueños que pensé que jamás se haría realidad. Espero que nos reunamos pronto, ya sea en una de mis conferencias o en otro de mis escritos. ¡Que Dios los bendiga!

Un día

Un día soñé que sería alguien
reconocido por su lucha ante la vida.
Un día soñé que la gente me escucharía con el corazón.
Un día soñé que la gente aplaudiría de pie, no sólo el esfuerzo,
sino la esperanza de que también pueden lograr sus sueños.
Un día soñé que hasta en medio de las circunstancias
más adversas podemos encontrar la oportunidad de
ayudar y realizar la misión que se nos confió.
Un día soñé que el amor rebasaría las fronteras
de mi cuerpo para descubrir lo que realmente soy.
Y ese día es hoy.

Esta obra se terminó de imprimir en marzo del 2009
en Litográfica Ingramex, S.A. de C.V.
Centeno 162-1 Col. Granjas Esmeralda
México, D.F. 09810